Mari Fflur Williams

Mari Fflur Williams

WAW!

GWYDDONIAETH

Ar ran Rily
Testun Cymraeg Bethan Mair

Cyhoeddwyd gyntaf yn y DU o dan y teitl *WOW! Science* yn 2011
gan Dorling Kindersley Cyf

Hawlfraint y testun Saesneg © 2011 Dorling Kindersley Cyf
Cyhoeddwyd gyntaf yn Gymraeg gan Rily Cyf, Blwch Post 20, Hengoed CF82 7YR
Hawlfraint yr addasiad Cymraeg © 2013 Rily Cyf

ISBN: 978-1-84967-169-9

Argraffwyd a rhwymwyd yn China

Cyhoeddwyd gyda chymorth ariannol Cyngor Llyfrau Cymru

Ar ran Tall Tree Cyf:
Golygyddion Rob Colson, Jon Richards, a Jennifer Sanderson
Dylunwyr Malcolm Parchment, ac Ed Simkins

Ar ran Dorling Kindersley:
Uwch-olygydd Victoria Heyworth-Dunne
Uwch-ddylunydd Smiljka Surla

Rheolwr golygyddol Linda Esposito
Rheolwr golygyddol celf Jim Green

Ailgyffwrdd creadigol Steve Willis
Ymchwil lluniau Louise Thomas

Cyhoeddwr categori Laura Buller

Ymchwil lluniau DK Emma Shepherd
Golygydd cynhyrchu Marc Staples
Uwch-reolwr cynhyrchu Angela Graef

Cynllun y clawr Hazel Martin
Golygydd y clawr Matilda Gollon
Rheolwr datblygu'r dylunio Sophia M Tampakopoulos Turner
Tîm datblygu Yumiko Tahata

RILY

www.rily.co.uk

WAW!
GWYDDONIAETH

Awdur: Clive Gifford

Addasiad Cymraeg: Bethan Mair

Ymgynghorydd: Lisa Burke

Ymgynghorwyr Cymraeg:

Gemma Hope, David Reeves, Paul Owen

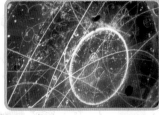

Cynnwys

LLAWN BYWYD
Mae riff cwrel yn llawn dop o fywyd y môr. Bydd pob math o rywogaethau gwahanol o bysgod, cramenogion, planhigion môr a mamolion, ynghyd â biliynau o blancton mân, yn byw mewn riff cwrel.

Y Byd Byw

BYWYD AR Y DDAEAR

Mae toreth o bethau byw yn bodoli ar y Ddaear. Rhywogaeth yw'r gair am grŵp o bethau byw, megis pobl, eryrod aur, a morfilod glas, sy'n rhannu'r un nodweddion ac sy'n gallu atgenhedlu â'i gilydd. Mae gwyddonwyr wedi dod ar draws bron i ddwy filiwn o rywogaethau gwahanol, er ei bod hi'n bosibl fod llawer mwy na hynny. Rhennir y rhain yn bum teyrnas – planhigion, anifeiliaid, ffyngau, bacteria a phrotistiaid, sef yr enw ar organebau ungell. Mae pob un o'r rhain yn rhannu rhai o nodweddion sylfaenol bywyd sy'n eu galluogi i oroesi.

⟳ SYMUD

Gall pethau byw symud rhan o'r corff neu'r corff cyfan. Er bod planhigion wedi'u gwreiddio yn yr unfan, gallant dyfu mewn cyfeiriadau gwahanol ac mae modd i'w blodau agor a chau. Y cwgar hwn (a elwir hefyd yn biwma neu'n llew mynydd) yw'r ysglyfaethwr mwyaf o blith holl anifeiliaid yr Unol Daleithiau. Gall redeg yn gyflymach na 50 km yr awr (30 mya) dros bellter byr.

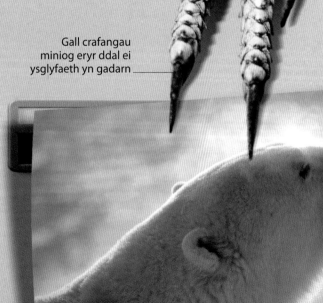

⟳ EGNI BWYD

Rhaid i bopeth byw gael bwyd. Mae hwnnw'n cael ei dreulio a'i droi'n egni fel eu bod yn gallu symud, cynnal ac atgyweirio'u cyrff, a thyfu. Gelwir anifail sy'n bwyta anifail arall yn gigysydd – er enghraifft, y gwalch y môr hwn sy'n dal pysgodyn. Yr enw am anifail sy'n bwyta planhigion yn unig yw llysysydd. Hollysydd yw anifail sy'n bwyta planhigion ac anifeiliaid. Bydd planhigion yn creu bwyd drwy ffotosynthesis, a bydd ffyngau'n bwydo ar ddeunydd planhigion ac anifeiliaid sy'n pydru.

Gall crafangau miniog eryr ddal ei ysglyfaeth yn gadarn

⟳ RESBIRADAETH

Resbiradaeth yw'r broses o ryddhau egni o ddeunydd bwyd ym mhob cell fyw. Adwaith cemegol ydyw a gall fod naill ai'n aerobig (ag ocsigen) neu'n anaerobig (heb ocsigen). Bydd anifeiliaid, fel yr arth wen hon, yn resbiradu'n aerobig, gan gymryd ocsigen o'r aer o'u cwmpas neu, yn achos pysgod, o'r dŵr. Bydd yr ocsigen yn cael ei gyfnewid am garbon deuocsid – sy'n sylwedd gwastraff yn y broses – naill ai yn ysgyfaint anifail sy'n byw ar y tir, yn nhagell pysgodyn neu yn mhibell wynt pryfyn.

Mae'r broses rannu celloedd yn creu celloedd newydd sy'n hanfodol ar gyfer atgynhyrchu a thyfu

Mae'r gell yn rhannu'n ddwy, a chnewyllyn unfath yng nghanol y ddwy gell

Mae cyhyrau nerthol yn ei goesau ôl yn galluogi'r cwgar i lamu hyd at 9 m (30 troedfedd)

↑ ATGENHEDLU

Bydd pob peth byw'n atgenhedlu er mwyn creu epil – unigolion newydd o'r un rhywogaeth. Atgynhyrchu anrhywiol a geir mewn bacteria, mewn rhai planhigion a chreaduriaid eraill. Dim ond un rhiant sydd ei angen, a gall rannu'n ddau neu golli darn ohono'i hun i greu epil unfath. Mae atgenhedlu rhywiol yn golygu bod rhieni gwryw a benyw yn creu epil newydd drwy gymysgu nodweddion y ddau riant.

↻ TYFU

Mae pob planhigyn ac anifail yn gallu tyfu. Maen nhw'n defnyddio bwyd i greu celloedd newydd ac i gynyddu eu maint. Bydd planhigyn yn tyfu o fod yn eginblanhigyn i fod yn blanhigyn aeddfed, a bydd anifail yn tyfu o fod yn un bach i fod yn oedolyn. Un o'r organebau sy'n tyfu gyflymaf ar y ddaear yw gwymon mawr y Cefnfor Tawel. Gall dyfu cymaint â 50 cm (20 modfedd) mewn diwrnod.

↪ YMATEB

Mae gan bopeth byw ymwybyddiaeth o'i amgylchedd a'r gallu i ymateb iddo. Gall anifail ymateb i sŵn, gwres neu olau drwy gelloedd nerfol a addaswyd yn benodol i anfon negeseuon o un rhan o'r corff i ran arall. Mae planhigion yn ymwybodol o ddisgyrchiant oherwydd mae eu coesau'n tyfu tuag ag i fyny a'u gwreiddiau'n tyfu tuag i lawr. Gallant hefyd ymateb i olau drwy blygu tuag at ffynonellau goleuni. Ffototropedd yw'r enw ar hyn.

ADEILEDD PLANHIGION

Mae dros 300,000 o rywogaethau o blanhigion, yn amrywio o ran maint o rywogaeth bychan *Wolffia* (aelodau o deulu llinad y dŵr) i goed Sequoia enfawr – y mwyaf ohonynt dros 100m (330 troedfedd) o uchder. Bydd botanegwyr yn rhannu planhigion yn ddau ddosbarth – rhai sy'n blodeuo a'r rhai sydd ddim yn blodeuo. Planhigion, a rhai mathau o facteria, yw'r unig bethau byw sy'n cynhyrchu eu bwyd eu hunain drwy ffotosynthesis.

⊙ CLUDIANT

Adeiledd fasgwlar sydd i'r rhan fwyaf o blanhigion – celloedd arbennig i gario sylweddau hanfodol. Mae'r trawstoriad hwn o goesyn blodyn haul yn dangos y celloedd sylem sy'n cario dŵr a mwynau wedi'u hydoddi i fyny o'r gwreiddiau drwy'r planhigyn. Y tu allan i'r celloedd sylem mae celloedd ffloem, sy'n cario siwgrau a gafodd eu creu drwy ffotosynthesis o amgylch y planhigyn.

Celloedd ffloem   Celloedd sylem

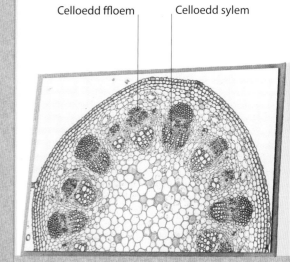

⊙ ADEILEDD PLANHIGION

Rhennir planhigion hefyd yn blanhigion fasgwlar, sy'n cynnwys meinweoedd sy'n cario dŵr, maeth a bwyd o gwmpas y planhigyn (gweler uchod), a phlanhigion anfasgwlar, fel mwsoglau a llysiau'r afu. Mae'r planhigyn hwn – coeden gollen ifanc – yn dangos y rhannau sy'n gyffredin i bob planhigyn fasgwlar. Mae'r gwreiddiau'n clymu'r planhigyn i'r pridd, tra bo'r goes yn cynnal canghennau a dail. Bydd coesynnau ifanc yn dibynnu ar bwysedd dŵr i aros yn unionsyth, ond maen nhw'n cryfhau'n raddol wrth i'r planhigyn dyfu.

Dail yn rhyddhau dŵr a chreu bwyd

Coes y planhigyn yn cynnal y canghennau a'r dail

Cangen newydd yn tyfu

Gwreiddiau'n ymestyn drwy'r pridd

Yr hedyn – oddi yma tyfodd y blaguryn tuag i fyny a'r gwreiddiau tuag i lawr

Y prif wraidd yn tyfu tuag i lawr

⊙ DAIL

Ffurfiadau gweddol fflat yw dail; fe'u cysylltir â'r coesyn drwy'r petiol. Mae rhwydwaith o wythiennau'n rhedeg drwy'r ddeilen, yn cludo dŵr a maeth i'r ddeilen a glwcos o'r ddeilen i rannau eraill o'r planhigyn. Mae gan ddail haenau gwahanol o gelloedd. Yn yr haen balis ceir cloroplastau, sy'n cynnwys cloroffyl, cemegyn sy'n peri i blanhigion fod yn wyrdd. Yn y cloroplastau y bydd ffotosynthesis yn digwydd.

Cwtigl – haen allanol wydn, na all dŵr dreiddio drwyddi

Haen epidermis sy'n gorchuddio rhan allanol y ddeilen

Haen balis sy'n ffurfio rhan uchaf y mesoffyl

Haen fel sbwng sy'n ffurfio rhan isaf y mesoffyl

⊙ TRAWSNEWID GOLAU HAUL

Ffotosynthesis yw'r enw ar y broses o ddefnyddio egni golau'r haul i droi carbon deuocsid a dŵr yn ocsigen a glwcos. Bydd cloroffyl yn nail planhigyn yn amsugno egni o'r haul. Bydd y glwcos sy'n llawn egni cael ei gludo o amgylch y planhigyn ar ffurf bwyd, ond caiff ei ddefnyddio hefyd i ffurfio sylweddau cemegol mwy cymhleth. Mae'r rhain yn cynnwys cellwlos, a ddefnyddir i adeiladu cellfuriau planhigion.

Caiff cloroffyl ei storio mewn cloroplastau

⊙ GWREIDDIAU

Bydd gwreiddiau planhigyn yn ei helpu i angori yn y pridd a chynnal pwysau'r planhigyn uwchlaw'r ddaear. Gall gwreiddiau ymledu i'r ochr ond tuag i lawr, yn ddyfnach i'r pridd, y byddan nhw'n mynd fel arfer. Mae'n debyg fod gwreiddyn Coeden y Bugail wedi mynd cyn ddyfned â 68 m 223 troedfedd) yn Niffeithwch y Calahari yn Affrica. Bydd gwreiddiau'n amsugno dŵr a maeth o'r pridd. Bydd rhai planhigion yn storio carbohydradau ar ffurf bwyd yn eu gwreiddiau.

⊙ TRYDARTHIAD

Dyma'r broses sy'n cario dŵr drwy blanhigyn, sydd yna'n anweddu i'r aer drwy dyllau bach neu gelldyllau, sef stomata, sydd ar wyneb dail. O gwmpas y stoma hwn ar ddeilen meillionen, ceir dwy gell warchod sy'n agor neu'n cau'r twll yn ôl yr amodau amgylcheddol. Bydd planhigion yn trydarthu'n gynt pan fo'r tymheredd yn uwch.

Cell warchod   Stoma

⊙ CIGYSYDD

Mae magl Gwener yn derbyn ei faeth drwy ddal a threulio pryfed. Mae'n gwneud hyn er mwyn rhoi nitradau yn ôl yn y pridd pan nad oes digon ohonynt lle mae'n tyfu. Mae'n defnyddio dwy ddeilen a elwir yn llabedi i rwydo neu faglu pryfyn – os bydd rhywbeth yn cyffwrdd yn y blew bach yn y fagl, yna bydd y llabedi'n cau.

ATGYNHYRCHU PLANHIGION

Rhaid i blanhigion atgynhyrchu er mwyn i'w rhywogaeth oroesi. Bydd planhigion newydd yn dod yn lle'r rhai sydd wedi marw, yn cynyddu nifer y boblogaeth ac yn lledu rhywogaeth y planhigyn i ardal newydd. Bydd planhigion sy'n blodeuo'n cynhyrchu hadau fydd yn dechrau tyfu'n blanhigion newydd os yw'r tymheredd a'r amodau'n addas – proses a elwir yn egino. Bydd hadau'n cael eu gwasgaru yn aml fel nad ydynt yn cystadlu am yr un golau, dŵr a maeth yn yr un pridd â'u rhiant-blanhigyn.

❶ BLODAU
Mae yna dros 250,000 o wahanol rywogaethau o blanhigion sy'n blodeuo. Mae blodau'n cynnwys organau rhywiol gwryw a benyw. Bydd rhai planhigion, megis coed derw, yn cynhyrchu blodau gwryw a benyw ar wahân. Mae'r celloedd benywaidd, neu'r ofarïau, i'w cael ar waelod coesyn o'r enw pistil. Ar ben y pistil ceir ffurf gludiog neu bluog o'r enw stigma. Mae'r celloedd gwrywaidd, y paill, wedi'u lleoli ar goesynnau eraill o'r enw brigerau.

❷ PEILLIO
Er mwyn i atgenhedlu rhywiol ddigwydd, rhaid i gelloedd rhyw gwrywaidd gyrraedd celloedd rhyw benywaidd. Enw'r broses hon yw peiliad. Gall blodau rhai planhigion hunanbeillio, ond bydd y rhan fwyaf yn dibynnu ar drawsbeilliad, wrth i'r paill deithio o un planhigyn i un arall. Gall y gwynt gario paill o rai mathau o blanhigion. Bydd eraill yn dibynnu ar greaduriaid, fel gwenyn, i gario'r paill o un blodyn i'r llall.

❸ HADAU A FFRWYTHAU
Ar ôl peillio'n llwyddiannus, bydd hadau'n ffurfio o fewn ffrwythau. Mae'n bosib y bydd cneuen galed neu orchudd meddal o gwmpas yr hedyn. Mae'r ffrwyth yn helpu i wasgaru'r had oddi wrth y rhiant-blanhigyn wrth iddo rolio ar y llawr ar ôl iddo ddisgyn neu gael ei fwyta gan greadur a'i adael yn ei faw. Mae gan hadau stôr o fwyd i gynnal bywyd nes iddyn nhw egino'n blanhigion a chynhyrchu eu bwyd eu hunain drwy ffotosynthesis.

Stigma

Pistil

Briger

Ofari

Ymyl y ddeilen

Blagur

❹ ATGYNHYRCHU LLYSTYFOL

Nid yw atgynhyrchu llystyfol yn defnyddio blodau, peillio na hadau. Yn hytrach, bydd planhigyn newydd yn tyfu allan o goesyn neu ddeilen rhiant-blanhigyn. Mae planhigyn het Mecsico, sy'n tyfu yn Madagascar, yn cynhyrchu hadau o'i flodau. Gall hefyd atgynhyrchu'n llystyfol drwy greu planhigion newydd o flagur bach sy'n ffurfio ar hyd ymylon y dail cyn disgyn oddi arnynt.

❺ PLANHIGION ANFLODEUOL

Ni all planhigion anflodeuol gynhyrchu hadau. Mae'r rhan fwyaf ohonynt yn cynhyrchu sborau sydd wedi'u hamgylchynu gan gasyn diogel. Bydd rhedynnau'n tyfu llawer o sborau mewn capsiwlau o'r enw sborangia, ar wyneb isaf y dail fel arfer. Pan fydd y capsiwlau'n agor, caiff y sborau eu chwythu dros bellter mawr.

❻ GLUDIOG

Mae rhai planhigion yn creu hadau sydd wedi'u gorchuddio â blew gludiog neu fachau sy'n glynu wrth gyrff anifeiliaid neu ddillad pobl er mwyn iddynt eu cludo. O edrych arno drwy ficrosgop, gwelir bod gan hedyn cacamwnci gyfres o fachau neu bennau pigog. Bydd y rhain yn mynd yn sownd ym mlew anifail yn hawdd, ac yn cael eu cludo i le newydd.

❼ Y GWYNT YN GWASGARU HAD

Mae pen dant y llew yn cynnwys llawer o hadau unigol, a'r rheini wedi'u cysylltu, drwy gyfrwng blewyn hir, â pharasiwt sy'n hawdd i'r gwynt ei gipio. Felly, gall yr hadau hyn hedfan yn bell oddi wrth y planhigyn gwreiddiol. Mewn planhigion eraill, fel y sycamorwydden, bydd yr hadau mewn plisgyn siâp adenydd, sy'n gallu hedfan i ffwrdd ar yr awel.

❽ CODAU CHWISTRELLU

Aelod o deulu'r gowrd yw'r ciwcymbr chwistrellog. Bydd hadau'r planhigyn hwn yn cael eu grwpio ynghyd mewn codau. Pan fydd yn aeddfed, bydd coden y ciwcymbr chwistrellog yn poeri jet o hylif sy'n cynnwys hadau'r planhigyn. Mae hyn yn gwneud i'r hadau ddisgyn yn ddigon pell i ffwrdd oddi wrth y rhiant-blanhigyn i annog tyfiant.

❾ GWASGARU DRWY DDŴR

Bydd planhigion sy'n tyfu ar lan afonydd, nentydd ac ar hyd yr arfordir yn dibynnu'n aml ar ddŵr i wasgaru eu had. Hadau coed palmwydd yw cnau coco, ac maen nhw'n gallu goroesi yn nŵr y môr am sawl mis. Bydd yr hedyn ynghwsg nes iddo ddod i gyswllt â dŵr croyw, ac yna bydd yn dechrau tyfu.

Sborangia

Sborau

❺

Coden hadau

❽

❻

❼

❾

ESBLYGIAD A DIFODIANT

Dros amser maith, mae creaduriaid byw wedi newid wrth i'r amodau o'u cwmpas newid. Mae nodweddion cryfaf rhywogaeth yn cael eu trosglwyddo o un genhedlaeth i'r nesaf. Yr enw ar y broses raddol hon o newid yw esblygiad. Mae rhai rhywogaethau'n methu esblygu ac yn marw allan. Er bod miliynau o rywogaethau bellach wedi diflannu, mae cofnodion ffosil yn dangos iddynt fodoli ar un adeg.

☛ ESBLYGIAD ADAR

Caiff tystiolaeth ffosil am greaduriaid sydd bellach wedi diflannu ei hastudio er mwyn gallu gweld llwybr esblygu'r creadur. Drwy astudio ffosil *Archaeopteryx*, creadur oedd yn byw tua 150 miliwn o flynyddoedd yn ôl, gellir gweld sut yr esblygodd adar o fadfallod. Fel madfallod y cyfnod hwnnw, roedd gan *Archaeopteryx* ddannedd, gên gref a chrafangau esgyrnog tebyg i fysedd. Roedd ganddo hefyd adenydd a phlu.

☛ ADDASIADAU DIDDOROL

Mae creaduriaid wedi esblygu mewn ffyrdd anarferol er mwyn goroesi a ffynnu yn eu hamgylchedd. Yn fforestydd Madagascar mae'r ai-ai yn byw. Gall ei fys canol hir dyfu hyd at 15 cm (6 modfedd), ac mae'n ei ddefnyddio i guro'n ysgafn ar goed i wrando am le gwag sy'n cynnwys pryfed a larfâu, prif fwyd y creadur.

☛ DETHOLIAD NATURIOL

Detholiad naturiol yw'r term am yr egwyddor fod yr aelodau o rywogaeth sy'n addasu orau i'w hamgylchedd yn goroesi yn atgynhyrchu ac yn trosglwyddo'u haddasiadau i'r genhedlaeth newydd. Dros nifer o genedlaethau, gall y newidiadau bach hyn arwain at newid sylweddol. Er enghraifft, datblygodd ychen mwsg gôt allanol o flew hir dros ail haen o ffibrau tebyg i wlân er mwyn gallu goroesi yn oerfel mawr yr Arctig.

➔ FFURFIAU FESTIGIOL

Ac yntau'n byw yn nŵr ogofeydd tywyll dan ddaear, nid yw'r pysgodyn ogof dall yn gallu gweld, ond mae ganddo lygaid yn ei ben o hyd. Dyma enghraifft o ffurf festigiol: nodwedd oedd yn arfer gweithio ond nad yw o werth bellach. Mae enghreifftiau eraill yn cynnwys coesau ôl sydd ar hanner datblygu mewn ambell forfil ac olion cynffon ar waelod asgwrn cefn dyn, yr asgwrn cynffon.

➔ DIFODIANT DIWEDDAR

Mae pobl wedi helpu i achosi neu gyflymu difodiant rhywogaethau mewn pedwar dull – hela, dinistrio cynefin, llygredd a chyflwyno rhywogaethau sy'n cystadlu. Bu farw'r dodo olaf – aderyn mawr oedd yn byw ar ynys Mauritius nad oedd yn gallu hedfan – yn 1680. Diflannodd o ganlyniad i hela ac oherwydd i fasnachwyr gyflwyno cŵn i'r ynys.

Teigr Siberia

DIFODIANT TORFOL ⬆

Mae difodiant yn digwydd pan fydd rhywogaeth gyfan yn marw allan. Mae hyn wedi digwydd drwy gydol hanes y Ddaear. Ar rai adegau, mae newidiadau mawr yn yr hinsawdd, trychinebau fel meteorynnau'n taro yn erbyn y blaned, neu weithgaredd folcanig mawr ar y Ddaear, wedi achosi difodiant nifer mawr o rywogaethau. Tua 65 miliwn o flynyddoedd yn ôl, ar ddiwedd y cyfnod Cretasig a dechrau'r cyfnod Trydyddol, diflannodd tri chwarter pob rhywogaeth, gan gynnwys y deinosoriaid, mewn cyfnod gweddol fyr.

⬅ MEWN PERYGL

Mae miloedd o rywogaethau mewn perygl o ddiflannu er gwaethaf ymdrechion sefydliadau sy'n ceisio'u gwarchod. Mae'r rhain yn cynnwys teigr Siberia a'r gorila mynydd. Credir bod llai na 700 o'r naill rywogaeth a'r llall yn dal i fyw'n wyllt. Mae lyncs Iberia hefyd mewn perygl o ddiflannu oherwydd bod ei gynefin yn cael ei ddinistrio a'i fod yn cael ei ladd mewn maglau dal cwningod.

Gorila'r mynydd

Lyncs Iberia

PRYFED AC ARACHNIDAU

Ceir mwy o rywogaethau o bryfed na'r un creadur arall. O fewn yr amrywiaeth enfawr hon mae pob pryfyn, bron, yn rhannu'r un nodweddion. Mae pob un ohonynt yn infertebrat (creadur heb asgwrn cefn). Mae ganddynt ysgerbwd allanol caled sy'n cynnal eu cyrff ac sydd wedi'i rannu'n dair rhan: y pen, y thoracs a'r abdomen. Mae gan bryfyn chwe choes gymalog ac mae gan y rhan fwyaf ohonynt adenydd, er nad oes gan y pryf arian, er enghraifft, adenydd. Mae gan arachnidau abdomen, pen, thoracs ac wyth coes.

● GLOŸNNOD BYW A GWYFYNOD

Fel arfer mae gloÿnnod byw, fel y fantell wen hon, yn weithgar yn ystod y dydd. Mae ganddyn nhw adenydd mawr, gwastad a cheg hir fel tiwb i fwydo ar neithdar. Mae gwyfynod yn debyg i loÿnnod ond yn y nos maen nhw'n fwyaf gweithgar, a byddan nhw'n gorffwyso â'u hadenydd ar agor yn hytrach nag ar gau. Mae dros 150,000 rhywogaeth wahanol o lŷn byw a gwyfyn.

● PRYFED

Mae gwir wir bryfed yn cynnwys pryfed tŷ, gwybed, mosgitos a phryfed teiliwr. Un pâr o adenydd yn unig sydd ganddyn nhw gan fod yr ail bâr wedi troi'n halterau, sydd fel dolenni bach ac yn gymorth iddyn nhw gadw'u cydbwysedd wrth hedfan. Mae'r pryf tŷ ymhlith y pryfed cyflymaf a mwyaf ystwyth wrth hedfan. Mae ganddyn nhw lygaid cyfansawdd sy'n cynnwys sawl lens, ac sy'n rhoi'r gallu iddyn nhw weld yn arbennig o dda mewn 3D.

Llygad cyfansawdd

Adenydd

● METAMORFFOSIS

Bydd llawer o bryfed yn dodwy wyau sy'n mynd drwy gyfnodau datblygu dramatig cyn tyfu'n oedolion: metamorffosis yw'r enw ar y broses hon. Mae gloÿnnod a gwenyn ymhlith y pryfed y byddan nhw datblygu'n deor o wyau ar ffurf larfa. Pan fyddan nhw wedi cyrraedd eu llawn dwf, bydd y larfâu'n datblygu'r tu mewn i strwythur amddiffynnol; hynny sy'n deor o wyau ar ffurf larfa. Pan fyddan nhw wedi cyrraedd eu llawn dwf, bydd y larfâu'n cael eu datgymalu a'u hailadeiladu cyn iddynt ymddangos ar ffurf oedolion.

Mae lindysyn (larfa'r glöyn byw) yn bwydo ar ddail

Bydd y lindysyn yn gweu cocŵn o edau, sef chwiler, o'i gwmpas ei hun

Ar ôl tua 24 awr bydd glöyn byw benyw'r glöyn byw aeddfed yn ymddangos o'r chwiler

Ar ôl paru, bydd y glöyn byw benyw'n dodwy wyau yn dodwy wyau ar ddeilen

➊ ORTHOPTERA

Mae sioncyn y gwair, ceiliog y rhedyn a locust yn bryfed orthoptera. Ar ôl deor o wyau, maen nhw'n mynd drwy fetamorffosis rhannol gan fod ffurf y larfa'n debyg i ffurf pryfyn llawn dwf, heblaw nad oes ganddyn nhw ddau bâr o adenydd. Gall y pryfed llawn dwf wneud sŵn trawiadol drwy rwbio darnau o'u cyrff ynghyd.

Gefeiliau i ddal ysglyfaeth

Sioncyn y gwair – mae'n cyfathrebu drwy rwbio'i goesau ôl yn erbyn ei adenydd

➋ SGORPIONAU

Math o arachnid yw sgorpion. Mae ganddo ddwy efel fawr a chynffon sy'n cynnwys sawl darn. Mae'r colyn ar ei gynffon yn llawn gwenwyn o ddwy goden. Fel arfer, bydd sgorpionau'n byw mewn ardaloedd trofannol cynnes a sych, ac maen nhw'n weithgar yn y nos – yn hela am bryfed a chorynnod.

Colyn i barlysu neu ladd ysglyfaeth

➌ CORYNNOD

Fel sgorpionau, arachnidau yw corynnod. Mae ganddyn nhw wyth coes, â saith rhan a dros 30 o gyhyrau ym mhob coes. Mae eu cyrff yn cynnwys abdomen, a phen a thoracs wedi'u huno ynghyd sy'n cynnwys ymennydd a stumog y corryn. Mae corynnod yn gigysyddion a bydd y rhan fwyaf yn lladd eu hysglyfaeth â gwenwyn.

➍ GWENYN A GWENYN MEIRCH

Mae gwenyn a gwenyn meirch yn perthyn i forgrug. Bydd gwenyn yn peillio nifer fawr o blanhigion sy'n blodeuo wrth iddynt fwydo ar neithdar. Mae gwenyn meirch yn bwydo'u babanod â phryfed. Dim ond gwenyn a gwenyn meirch benywaidd sydd â phigiad cryf ar flaen yr abdomen. Mae llawer o rywogaethau o wenyn a gwenyn meirch yn gymdeithasol ac yn byw mewn nythod neu gychod mawr.

➎ MORGRUG

Bydd morgrug yn ffurfio cymunedau arbenigol sy'n cynnwys un frenhines neu lond dwrn o freninesau – yr unig forgrug benywaidd sy'n gallu atgynhyrchu. Gall cymunedau o forgrug torddail gynnwys hyd at wyth miliwn o aelodau. Mae gan forgrug torddail safnau cryf iawn sy'n dirgrynu er mwyn torri'n hawdd drwy ddail. Gallant gario dail sy'n pwyso 20 gwaith yn fwy na phwysau eu cyrff.

➏ HEMIPTERA

Mae'r grŵp o bryfed a elwir yn hemiptera yn cynnwys llyslenod, sicadau a rhianedd y dŵr (dde). Mae eu cegau ar ffurf pig sy'n pigo ac yna'n sugno bwyd hylifol megis nodd planhigion. Mae rhai, fel rhiain y dŵr, yn gigysyddion ac yn bwyta pryfed eraill.

➐ CHWILOD

Cafodd dros 350,000 rhywogaeth o chwilod eu cofnodi, mwy nag unrhyw fath arall o bryfyn. Mae adenydd blaen chwilen, sef yr elytra, yn galed ac mae'n gallu eu cau dros yr abdomen er mwyn gwarchod y pâr ôl o adenydd. Y chwilen fwyaf yw chwilen gorniog de America, sy'n gallu tyfu gymaint â 16 cm (6 modfedd) o hyd.

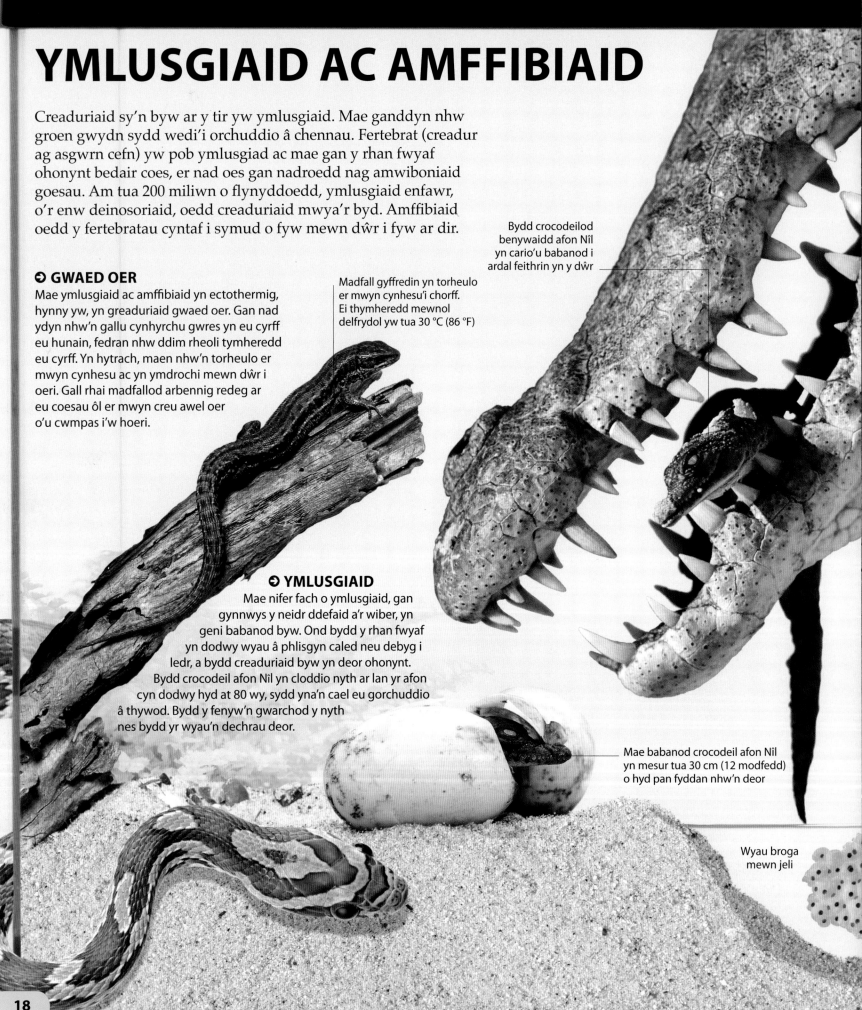

Broga'r coed – amffibiad sy'n treulio'r rhan fwyaf o'i fywyd mewn coed

YMLUSGIAID AC AMFFIBIAID

Creaduriaid sy'n byw ar y tir yw ymlusgiaid. Mae ganddyn nhw groen gwydn sydd wedi'i orchuddio â chennau. Fertebrat (creadur ag asgwrn cefn) yw pob ymlusgiad ac mae gan y rhan fwyaf ohonynt bedair coes, er nad oes gan nadroedd nag amwiboniaid goesau. Am tua 200 miliwn o flynyddoedd, ymlusgiaid enfawr, o'r enw deinosoriaid, oedd creaduriaid mwya'r byd. Amffibiaid oedd y fertebratau cyntaf i symud o fyw mewn dŵr i fyw ar dir.

◑ GWAED OER

Mae ymlusgiaid ac amffibiaid yn ectothermig, hynny yw, yn greaduriaid gwaed oer. Gan nad ydyn nhw'n gallu cynhyrchu gwres yn eu cyrff eu hunain, fedran nhw ddim rheoli tymheredd eu cyrff. Yn hytrach, maen nhw'n torheulo er mwyn cynhesu ac yn ymdrochi mewn dŵr i oeri. Gall rhai madfallod arbennig redeg ar eu coesau ôl er mwyn creu awel oer o'u cwmpas i'w hoeri.

Madfall gyffredin yn torheulo er mwyn cynhesu'i chorff. Ei thymheredd mewnol delfrydol yw tua 30 °C (86 °F)

Bydd crocodeilod benywaidd afon Nîl yn cario'u babanod i ardal feithrin yn y dŵr

◑ YMLUSGIAID

Mae nifer fach o ymlusgiaid, gan gynnwys y neidr ddefaid a'r wiber, yn geni babanod byw. Ond bydd y rhan fwyaf yn dodwy wyau â phlisgyn caled neu debyg i ledr, a bydd creaduriaid byw yn deor ohonynt. Bydd crocodeil afon Nîl yn cloddio nyth ar lan yr afon cyn dodwy hyd at 80 wy, sydd yna'n cael eu gorchuddio â thywod. Bydd y fenyw'n gwarchod y nyth nes bydd yr wyau'n dechrau deor.

Mae babanod crocodeil afon Nîl yn mesur tua 30 cm (12 modfedd) o hyd pan fyddan nhw'n deor

Wyau broga mewn jeli

☉ CROEN AMFFIBIAID

Yn hytrach na gorchudd o flew, gwallt neu gennau, mae croen amffibiad yn cynnwys rhwydwaith mân o gapilarïau gwaed. Mae'r rhain yn galluogi amffibiad i amsugno dŵr ac ocsigen drwy ei groen. Er mwyn i hyn weithio'n effeithiol, rhaid i'r croen fod yn llaith. Bydd y rhan fwyaf o amffibiaid yn taenu haen o lysnafedd drostynt eu hunain, sy'n arbed y croen rhag sychu. Mewn rhai amffibiaid mae'r haen hon yn wenwynig, i'w gwarchod rhag ysglyfaethwyr.

Llyffant du'r tywod

Mae pantiau bach ar y croen o dan draed y geco sy'n ei helpu i ddal yn sownd wrth waliau serth

☉ CROEN YMLUSGIAID

Mae gan ymlusgiaid groen sych sydd wedi'i wneud o ddeunydd corniog, sef ceratin. Gorchuddir rhannau uchaf cyrff crwbanod a môr-grwbanod gan gragen galed, sy'n gwarchod eu cyrff. Bydd nadroedd yn bwrw eu hen groen wrth dyfu.

Môr-grwban llithrog coch-glust

☉ AMFFIBIAID

Broga llawn dwf

Bydd y rhan fwyaf o amffibiaid yn dodwy eu hwyau mewn dŵr. Bydd rhai rhywogaethau o froga a llyffant yn dodwy miloedd o wyau, ac yna'n eu gadael. Bydd eraill yn dodwy llai o wyau, ac yn eu gwarchod. Wyau meddal yw wyau amffibiaid a bydd rhai sawl rhywogaeth wedi'u hamgylchynu gan ddeunydd tebyg i jeli i'w rhwystro rhag sychu. Bydd wyau broga'n deor ac yn troi'n benbyliaid, sy'n datblygu'n frogaod bach.

Babi broga â chynffon

Penbyliaid

☉ HAFGYSGU

Bydd rhai ymlusgiaid ac amffibiaid, fel y llyffant hwn o Awstralia, yn treulio cyfnod di-symud pan fydd dŵr yn brin. Yr enw ar hyn yw hafgysgu ac mae'n ffordd o oroesi. Bydd creaduriaid sy'n hafgysgu yn mynd o dan y ddaear, lle mae'n oerach ac yn fwy llaith. Maen nhw'n arafu curiad eu calon ac yn arbed dŵr yn eu cyrff.

ADAR

Mae dros 9,600 rhywogaeth o adar wedi'u rhannu dros bob un cyfandir. Dyma'r unig fertebrat sydd â phlu ac mae pob benyw yn dodwy wyau. Gall y rhan fwyaf o adar hedfan, ac esblygodd eu cymalau blaen yn adenydd wedi'u gorchuddio â phlu. Mae'r rhain yn galluogi rhai adar i blymio'n gyflym drwy'r awyr neu i hedfan ar yr awel dros bellteroedd mawr am oriau bwy gilydd.

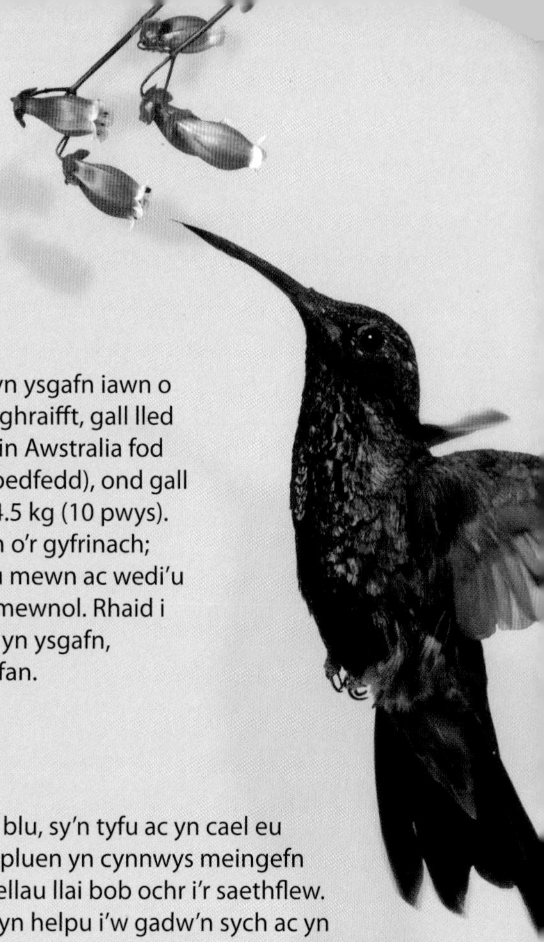

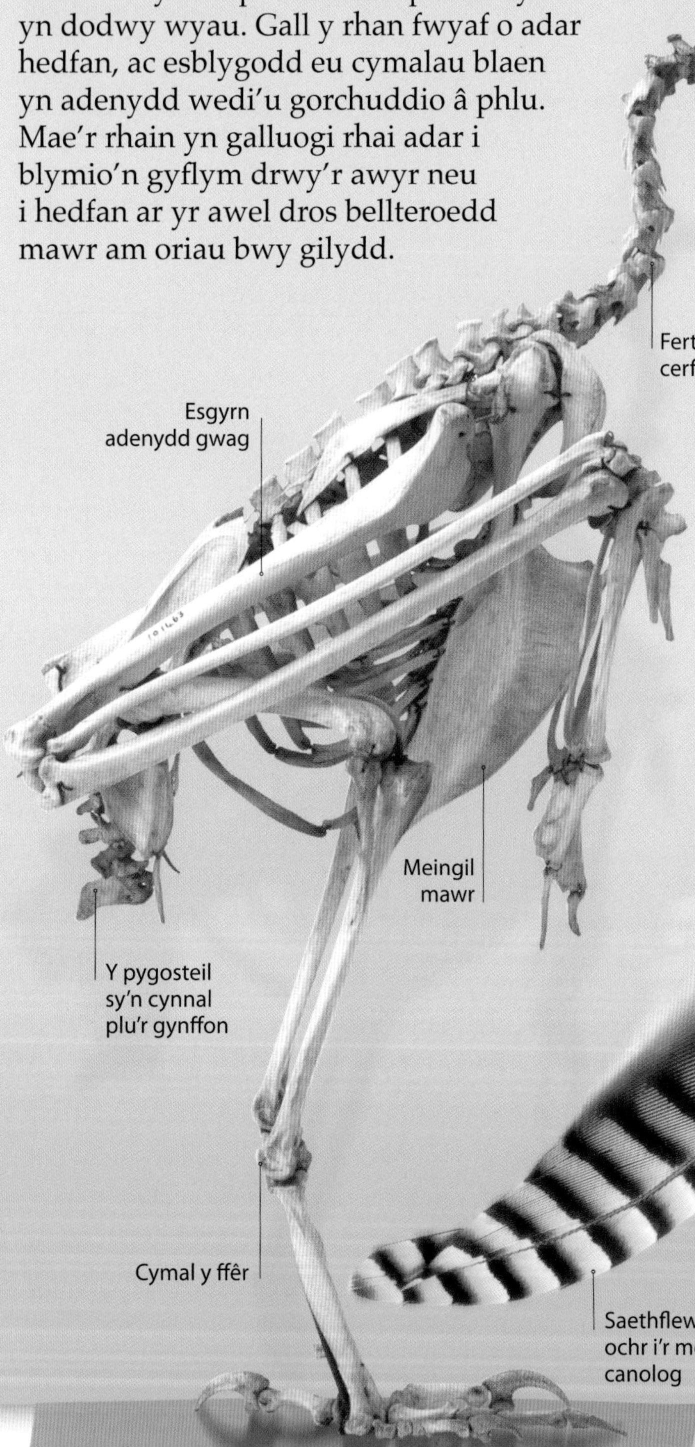

Gorfant isaf

Fertebratau cerfigol

Esgyrn adenydd gwag

Meingil mawr

Y pygosteil sy'n cynnal plu'r gynffon

Cymal y ffêr

Saethflew bob ochr i'r meingefn canolog

⊙ YSGERBWD

Mae'r rhan fwyaf o adar yn ysgafn iawn o ystyried eu maint – er enghraifft, gall lled adenydd eryr cynffonfain Awstralia fod cymaint â 2.5 m (8 troedfedd), ond gall bwyso cyn lleied â 4.5 kg (10 pwys). Eu hesgyrn yw rhan o'r gyfrinach; mae rhai'n wag y tu mewn ac wedi'u cryfhau ag ategion mewnol. Rhaid i ysgerbwd aderyn fod yn ysgafn, ond yn ddigon cryf i hedfan.

⊙ PLU

Gall fod gan aderyn rhwng 800 a 20,000 o blu, sy'n tyfu ac yn cael eu hadnewyddu drwy gydol ei oes. Mae pob pluen yn cynnwys meingefn canolog, saethflew bob ochr iddo, a deintellau llai bob ochr i'r saethflew. Mae plu'n golygu y gall yr aderyn hedfan, yn helpu i'w gadw'n sych ac yn gynnes ac, mewn ambell aderyn, maen nhw'n gweithredu fel cuddliw neu er mwyn denu cymar.

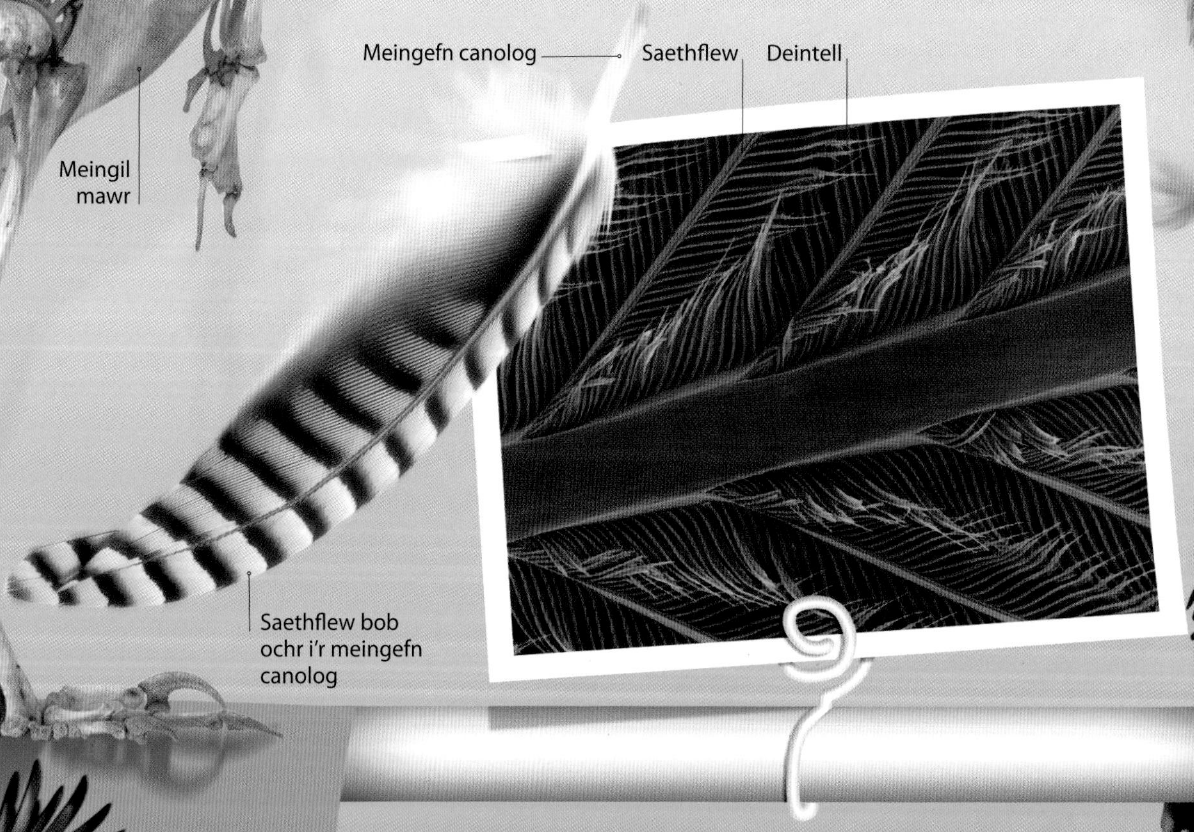

Meingefn canolog — **Saethflew** — **Deintell**

⊙ CYHYRAU HEDFAN

Gall ceiliog y waun bwyso hyd at 19 kg (42 pwys) gan ei wneud yn un o'r adar hedegog trymaf yn y byd. Mae adar yn dibynnu ar gyhyrau nerthol yn eu brest sy'n sownd wrth ran arbennig o'r sternwm (asgwrn y frest), sef y meingil. Rhaid i'r cyhyrau hyn greu digon o nerth i godi'r aderyn i'r awyr. Wrth i'r adenydd guro tuag i lawr, bydd yr aer yn cael ei wthio i lawr a'r aderyn i fyny ac ymlaen.

Gall pig enfawr twcan dyfu i fod cymaint ag un rhan o dair o hyd yr aderyn

◔ HEDFAN YN YSTWYTH

Bydd llawer o adar yn hedfan yn eithriadol o chwim ac ystwyth – er enghraifft, gall hebog tramor gyrraedd cyflymder o 320 km yr awr (200 milltir yr awr) wrth blymio. Gall cudyll coch hofran yn yr awyr wrth iddo chwilio am ysglyfaeth ar y ddaear islaw. Pan fydd eryl bach y si yn hofran o flaen blodyn i fwydo ar neithdar y planhigyn, bydd yn curo'i adenydd 90 gwaith bob eiliad.

◑ ADAR NA ALL HEDFAN

Dros filoedd o flynyddoedd, collodd ambell rywogaeth o aderyn y gallu i hedfan. Mae'r rhain yn cynnwys adar môr fel y pengwin, sy'n defnyddio'i adenydd i nofio. Mae adar nad ydyn nhw'n gallu hedfan yn amrywio o ran maint o regen yr Ynys Anghyrraedd, ger Tristan de Cunha yng Nghefnfor yr Iwerydd, sy'n mesur 17 cm (7 modfedd), i'r estrys, yr aderyn byw mwyaf yn y byd. Gall estrys gwryw fod mor dal â 2.5 m (8 troedfedd) a gall redeg ar gyflymder o 70 km yr awr (43 milltir yr awr).

Mae pig glas y dorlan yn debyg i ddagr, i ddal pysgod ac ysglyfaeth arall

◓ PIG

Mae gan bob aderyn ryw fath o big neu ylfin. Bydd adar yn defnyddio'u pigau i dwtio'u plu, i adeiladu nythod ac i fwydo'u babanod. Ceir pob math o amrywiaeth o ran maint a siâp pig aderyn, yn dibynnu ar ei gynefin – mae gan adar fel y gylfinir a phibydd y traeth big hir, main, i bigo ymhlith tywod a llaid i chwilio am fwyd. Mae gan eryrod ac adar ysglyfaethus eraill bigau siâp bachyn er mwyn rhwygo cig.

Nythaid o wyau

Nyth o frigau a deunydd planhigion

◓ BWYD

Bydd adar yn bwyta pethau sy'n faethlon o ran protein ac egni. Glas y dorlan yw un o'r rhywogaethau sy'n plymio i ddŵr i ddal pysgod, pryfed neu amffibiaid bach. Bydd rhywogaethau eraill, fel y parot, yn bwyta ffrwythau a chnau. Gan nad oes ganddyn nhw ddannedd, bydd adar yn defnyddio rhan o'u stumog (glasog) i wasgu a malu hadau a darnau o esgyrn.

◓ WYAU A NYTHU

Bydd pob aderyn yn dodwy wyau, a bydd y rhain yn cael eu cadw'n gynnes naill ai drwy gael eu claddu neu wrth i'r rhieni eistedd arnyn nhw. Bydd nyth yn gwarchod rhag ysglyfaethwyr ac yn amrywio o fod yn bant bach yn y ddaear neu'n gymysgedd o fwd a deunydd planhigion. Mae'r gwcw'n enghraifft o fridiwr parasitig sy'n dodwy wyau yn nyth aderyn arall.

BYWYD TANDDWR

Mae afonydd, llynnoedd, moroedd a chefnforoedd y ddaear yn llawn o fywyd. Dŵr sy'n gorchuddio dros ddwy ran o dair o arwynebedd ein planed. Yn y cefnforoedd dwfn, bydd y rhan fwyaf o fywyd y môr yn byw yn y 100 m (330 troedfedd) uchaf, oherwydd dyma lle mae'r golau a niferoedd enfawr o greaduriaid mân iawn o'r enw plancton. Mae plancton yn hanfodol oherwydd dyma sylfaen bwyd popeth sy'n byw yn y môr; mae popeth naill ai'n bwydo'n uniongyrchol ar blancton neu'n bwyta creaduriaid sy'n ei fwyta.

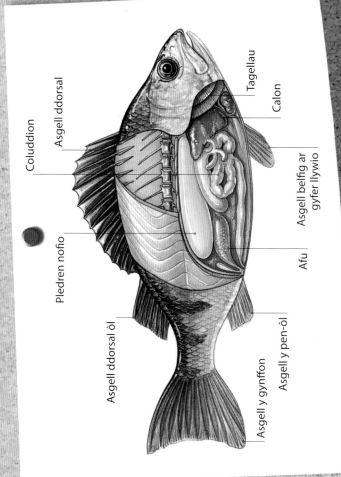

Asgell ddorsal ôl

Coluddion

Asgell ddorsal

Tagellau

Calon

Pledren nofio

Asgell belfig ar gyfer llywio

Afu

Asgell y gynffon

Asgell y pen-ôl

○ PYSGOD

Mae'r pysgod yn byw mewn dŵr ac mae haen amddiffynnol o gennau dros eu cyrff. Maen nhw'n anadlu drwy amsugno ocsigen sydd wedi'i hydoddi mewn dŵr drwy gyfrwng tagell sydd ar eu pennau. Mae gan y rhan fwyaf o bysgod esgyll – llafnau sy'n dod allan o'u cyrff. Y rhain sy'n sefydlogi'r pysgodyn yn y dŵr ac yn rhoi cymorth i reoli cyfeiriad y pysgodyn wrth iddo symud.

○ PYSGOD CARTILAGAIDD

Mae cathod môr a siarcod, fel y siarc mawr gwyn hwn, i gyd yn bysgod cartilagaidd. Nid oes ganddynt wir asgwrn cefn, dim ond strwythur wedi'i wneud o gartilag gwydn. Gan nad oes ganddyn nhw bledrenni nofio, rhaid iddyn nhw gynnal eu dyfnder drwy nofio. Ysglyfaethwyr yw'r rhan fwyaf o rywogaethau'r siarc. Pysgod fflat sy'n byw ar wely'r môr yw cathod môr, ac maen nhw'n hela pysgod llai.

○ PYSGOD ESGYRNOG

Mae gan bob rhywogaeth o bysgod esgyrnog ysgerbwd sy'n cynnwys asgwrn cefn hyblyg sy'n ymestyn ar hyd y corff. Mae ganddyn nhw hefyd bledren nofio i'w galluogi i gynnal hynofedd cyson, waeth faint y bydd pwysedd y dŵr yn newid. Pysgodyn cefnforol yr haul yw'r pysgodyn esgyrnog trymaf – gall rhai bwyso cymaint â 2,000 kg (4,400 pwys).

○ MAMOLION MOROL

Bydd rhai mamolion (gweler tudalennau 24–25) yn treulio'u hoes gyfan, neu eu holl amser, bron, mewn dŵr. Mae'r rhain yn cynnwys llawer o rywogaethau'r morfil, y llamhidydd a'r dolffin, a môrfuchod sy'n bwyta planhigion. Mae pob un o'r creaduriaid hyn sy'n aros yn y dŵr yn gorfod dod i'r wyneb er mwyn anadlu. Mae mamolion morol eraill, fel y morlew hwn, yn ogystal â walrysod a morloi yn gallu nofio'n ardderchog ond rhaid iddyn nhw ddychwelyd i'r tir er mwyn paru ac atgenhedlu.

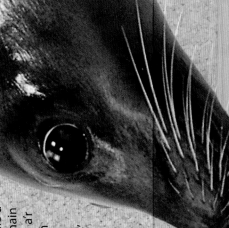

Morlew

Octopws

Seren fôr

❂ ECINODERMAU

Mae sêr môr a draenogod môr yn fathau o ecinodermau. Ysgerbydau o blatiau calchog, a orchuddir weithiau gan bigau bach, sydd ganddynt. Rhennir cyrff ecinodermau yn bum rhan. Mae gan y seren fôr, er enghraifft, bum braich a phum set o organau atgynhyrchu a threulio. Os bydd braich yn torri i ffwrdd, bydd yn tyfu eto.

❂ CRAMENOGION

Mae'r grŵp hwn o dros 40,000 o greaduriaid di-asgwrn-cefn yn amrywio o chwain dŵr sydd cyn lleied â 0.1 mm i granc hirgoes Japan, a'i goesau dros 3.7 m (13 troedfedd) o hyd. Mae cramenogion yn cynnwys corgimychiaid, cimychiaid a chrancod. Mae gan bob un gragen â chymalau caled, yn ogystal â thagellau, llygaid ar ffyn, a phedwar neu ragor o barau o goesau cymalog.

❂ CWREL

Môr-gudynnau, creaduriaid bychain sy'n rhan o grŵp y cnidariaid, sy'n gwneud cwrel. Cânt eu lliwiau llachar o'r algâu sy'n tyfu ym meinwe'r cwrel. Wrth i gwrel farw, bydd y casyn allanol caled yn disgyn i ffwrdd, a dros amser maith bydd yn ffurfio riff cwrel.

❂ CNIDARIAID

Mae sglefrod môr, cwrel a milflodau i gyd yn gnidariaid. Nid oes gan y creaduriaid hyn ymennydd na system nerfol ganolog. Tuedda'u cyrff fod ar siâp cloch neu mae ganddynt gorff gwag a cheg sydd wedi'i hamgylchynu â thentaclau. Mae'r geg yn cynnwys celloedd sy'n pigo (nematosystau), i barlysu ysglyfaeth. Mae rhai sglefrod môr yn gallu peri niwed i bobl – er enghraifft, bydd pigiad gan sglefren fôr bocs o Awstralia'n gallu lladd mewn munudau.

Sglefren fôr

❂ CEFFALOPODAU

Ceffalopodiaid yw molwsgiaid sydd heb gragen galed allanol ond sydd â thentaclau. Mae'r rhain yn cynnwys ystifflog, môr-lawes a rhywogaethau'r octopws. Mae gan octopws wyth braich, ymennydd datblygedig a llygaid da. Gall ymateb yn gyflym i berygl, gan chwistrellu dŵr o'i gorff i symud ei hun o ffordd perygl.

❂ SBYNGAU

Ceir cynifer â 10,000 o rywogaethau o sbwng. Creaduriaid syml, di-asgwrn-cefn yw sbyngau. Maen nhw'n byw mewn cynefinoedd dŵr hallt fel arfer, er bod rhai rhywogaethau'n byw mewn dŵr croyw. Bydd sbyngau'n cydio wrth greigiau ac yn bwydo ar ronynnau bach o fwyd sy'n llifo drwy agoriadau o'r enw ostia.

❂ MOLWSGIAID

Creaduriaid â chorff meddal wedi'i orchuddio â chragen ywr rhan fwyaf o folwsgiaid. Gwneir y cregyn hyn o galsiwm carbonad sy'n cael ei ollwng o ran o'r corff a elwir yn fantell. Gall y gragen fylchog fawr fyw am hyd at 100 mlynedd a thyfu dros 1.2 m (4 troedfedd) o led. Ond, ar y cyfan, mae'r rhan fwyaf o folwsgiaid, gan gynnwys malwod, wystrys a chregyn gleision, yn llawer llai.

Cragen fylchog fawr

Sbwng pwff oren

Cwrel gwyntyll y môr pinc

Cranc

MAMOLION

Tua 220 miliwn o flynyddoedd yn ôl, esblygodd mamolion o grŵp o ymlusgiaid o'r enw therapsidau. Creaduriaid tebyg i lyg neu lygoden fach oedd y mamolion cyntaf, ac fe lwyddon nhw i oroesi'n rhannol am fod eu cyrff gwaed cynnes yn golygu y gallen nhw fod yn weithgar yn y nos. Heddiw, ceir dros 5,000 rhywogaeth o famolion ledled y byd. Mae'r rhain yn amrywio o ran maint o'r ysgafnaf, y llyg Etrwsgaidd, sy'n pwyso llai na 2 g (0.07 owns), i'r trymaf, y morfil glas, sy'n pwyso dros 150 o dunelli.

❶ BABANOD BYW

Bydd bron pob mamal yn geni babanod byw. Mae rhai, fel y gnw hwn, yn gallu sefyll a symud o fewn munudau o gael eu geni. Yn hollol wahanol i hyn, bydd babanod anifeiliaid fel y cangarŵ, y coala a'r walabi (marswpialod) yn cael eu geni'n fyw cyn iddynt orffen datblygu a'u cadw'n ddiogel yng nghod eu mam yn bwydo ar ei llaeth yno nes tyfu'n fwy o faint.

❸ LLAETH Y FAM

Bydd mamolion benywaidd yn bwydo'u babanod newydd-anedig ar laeth maethlon sy'n dod o'u chwarennau llaeth. Mae'r llaeth hwn yn llawn o frasterau a phroteinau sy'n hybu twf. Mae hefyd yn cynnwys gwrthgyrff sy'n gwarchod rhag clefydau. Bydd mamal ifanc yn sugno o'r fron drwy roi ei geg yn dynn wrth deth ei fam, sy'n agor wrth iddo sugno'r llaeth. Dwy deth sydd gan bobl ond mae gan hwch 16 o dethau.

Gall jiráff dyfu i daldra o 5 metr (16 troedfedd)

❹ GOFAL RHIENI

Mamolion yw rhai o'r rhieni mwyaf ymroddedig ym myd natur. Bydd babanod llawer o rywogaethau'n dysgu nid yn unig sut i fwydo a goroesi ond hefyd sut i ymddwyn o fewn eu grŵp cymdeithasol. Bydd swricatiaid yn byw mewn grwpiau cymdeithasol, sef mobiau, lle bydd y rhai bach yn cael eu mentora gan yr oedolion. Pan fydd swricatiaid yn hela neu'n palu am fwyd, maen nhw mewn perygl o ddioddef ymosodiad, felly bydd un neu fwy o'r mob yn cadw llygad arnyn nhw drwy sefyll ar ei goesau ôl.

Mae'r platypws yn un o dri mamal sy'n dodwy wyau

❷ MONOTREMIAID

Monotremiaid yw'r unig famolion sy'n dodwy wyau. Dim ond yn Awstralia a Gini Newydd y mae'r rhain i'w cael, a dim ond tair rhywogaeth sydd yna – dau fath o ecidna neu grugarth bigog, a'r platypws. Ni fydd montremiaid yn sugno wrth y fron. Yn hytrach byddan nhw'n llyfu'r llaeth sy'n llifo dros fol eu mam.

❺ FERTEBRATAU

Fertebratau yw pob mamal. Mae hyn yn golygu bod eu cyrff yn cael eu cynnal gan ysgerbwd mewnol, yn cynnwys asgwrn cefn sydd wedi'i wneud o esgyrn fertebrat unigol. Mae gwddf bron pob mamal yn cynnwys saith asgwrn fertebrat. Yn achos y jiráff, mae pob un o'r saith asgwrn yn mesur tua 25 cm (10 modfedd) o hyd, ac yn hyblyg.

❻ YNYSU

Mae gan y rhan fwyaf o famolion haen o fraster o dan eu croen sy'n helpu i'w gwarchod rhag oerfel. Yn aml, bydd gan famolion sy'n byw mewn hinsawdd oer haenau mwy trwchus o fraster. Mae gan famolion morol, fel y walrysau hyn sy'n byw yn yr Arctig, haen o fraster sy'n gallu bod mor drwchus â 15 cm (6 modfedd). Gall oedolyn walrws bwyso cymaint â 1.6 tunnell fetrig.

❼ FFWR A GWALLT

Bydd croen mamal wedi'i orchuddio â gwallt neu ffwr am ran o'i fywyd, neu am ei fywyd cyfan. Mae'r blew unigol yn dal aer ac yn helpu i gadw'r anifail yn gynnes. Does gan ddwrgi'r môr mo'r haen dew o floneg sydd gan famolion morol eraill, ond mae ganddo lawer iawn o flew. Gall fod cynifer â 40,000 blewyn wedi'i wasgu i un centimetr sgwâr o'i gorff.

Gall ddannedd blaen yr afanc gnoi drwy ganghennau neu foncyffion coed

❽ GWAED CYNNES

Creaduriaid gwaed cynnes yw mamolion, felly gallant gynnal tymheredd cyson yn y corff. Wrth i'w chwarennau ryddhau chwys, gallant hefyd wneud pethau er mwyn oeri eu cyrff. Mae hyn yn cynnwys gorffwys yn y cysgod, fel y llewpart uchod.

❾ Y GÊN

Un asgwrn y gên sydd gan famolion yn hanner isaf eu pen ac mae gan y rhan fwyaf ohonynt nifer o fathau gwahanol o ddannedd sy'n gwneud tasgau penodol. Gall dannedd blaen frathu a thorri; mae dant llygad yn tyllu ac yn rhwygo, y cilddannedd blaen yn tafellu bwyd tra bo'r cilddannedd yn gwasgu ac yn malu.

❿ SYNHWYRAU GWYCH

Mae gan famolion synhwyrau datblygedig. Er enghraifft, mae gan y wahadden drwyn seren 22 o dentaclau o gwmpas ei thrwyn. Mae'r rhain yn sensitif i gyffyrddiad, ac yn galluogi'r wahadden i adnabod pryfed ac ysglyfaeth arall heb eu gweld.

ECOSYSTEMAU

Ecosystem yw'r enw a roddir ar gymunedau cyfan o greaduriaid byw amrywiol, ynghyd â'u hamgylchedd, gan gynnwys yr hinsawdd. Gall ecosystem fod mor fach â phwll dŵr neu foncyff sy'n pydru neu gall fod mor fawr â choedwig law drofannol. Caiff ecosystemau eu trin fel unedau ar wahân er mwyn ei gwneud hi'n haws i'w cofnodi a'u hastudio. Mewn gwirionedd, anaml fyddan nhw'n systemau hollol gaeedig, a gall bwyd ac egni lifo o un ecosystem i un arall.

☉ CADWYNAU BWYD

Mae cadwynau bwyd yn ffordd hawdd o ddisgrifio llif bwyd ac egni drwy ecosystem. Mae planhigion yn gwneud eu bwyd eu hunain o olau'r haul drwy ffotosynthesis (cynhyrchwyr cynradd). Ni all anifeiliaid greu eu bwyd eu hunain, felly rhaid iddynt un ai fwyta'r planhigion hyn neu fwyta creaduriaid sy'n bwyta planhigion. Gelwir anifail sy'n bwyta planhigion yn ysydd cynradd, a'r anifail sy'n ei fwyta yntau yn ysydd eilaidd. Ar bob lefel yn y gadwyn fwyd (lefel droffig), mae llawer o egni'n cael ei golli. Ychydig iawn o'r egni sy'n cael ei fwyta gan rywbeth byw sy'n cael ei drosglwyddo pan gaiff hwnnw ei fwyta gan greadur arall.

↥ CYNEFINOEDD

Cynefin creadur yw'r man lle mae'n byw. Mae rhai anifeiliaid wedi addasu i fyw mewn cynefinoedd anarferol neu i ddefnyddio cyn-gartrefi creadur arall. Yn anialwch de-orllewin yr Unol Daleithiau, bydd tylluan yr ellyll yn aml yn nythu mewn twll mewn cactws sagwaro, a arferai fod yn gartref i gnocell gila.

Mae algâu yn creu bwyd drwy ffotosynthesis (cynhyrchydd cynradd)

Mae larfa pryfyn yn ysydd cynradd, gan ei fod yn bwyta alga

Mae broga'n ysydd eilaidd, ac yn symud ei dafod gludiog yn chwim i ddal larfa

Tylluan wen yn plymio i ladd a bwyta'r neidr

Mae'r neidr lwyd fach yn bwyta brogaod yn ogystal â phryfed a chreaduriaid eraill y pwll

⊙ DADELFENYDDION

Mae madarch amanita'r pryfed yn tyfu ymhlith deunydd planhigion sy'n pydru ar lawr coedwig. Bydd madarch, caws llyffant, malltod a ffyngau eraill, ynghyd â bacteria a rhai mwydod, yn ailgylchu defnydd marw drwy ei ddadelfennu. Wrth iddyn nhw fwyta, bydd dadelfenyddion yn troi'r planhigion a'r anifeiliaid marw yn hwmws ffibrog ac yn faetholynnau a mwynau gwerthfawr sy'n cyfoethogi'r pridd.

Anemoni'r môr yn byw ar gefn cranc meudwy

⊙ CYDYMDDIBYNIAETH

Gelwir perthynas lle bydd dwy rywogaeth yn elwa ar ei gilydd yn gydymddibyniaeth. Er enghraifft, bydd gwenyn yn cael neithdar o flodau y byddant yn eu peillio, a bydd bacteria ym mherfedd gwartheg yn eu helpu i dreulio bwyd a chael maeth o ganlyniad. Mae'r gnocell big-goch hon yn bwydo ar drogod sy'n byw ar hipopotamws. Wrth wneud hyn mae'n cael bwyd, yn ogystal â difa pla i'r hipopotamws.

⊙ CYDFWYTÄEDD

Mae gan lawer o rywogaethau gwahanol berthynas agos â'i gilydd mewn ecosystem, a gall un rhywogaeth elwa heb wneud niwed i rywogaeth arall (cydfwytäedd). Er enghraifft, mae planhigion fel y tegeirian, y bromeliad, rhai rhedynnau a rhai mwsoglau'n byw ar blanhigion talach er mwyn manteisio ar ragor o olau'r haul.

⊙ PARASITEDD

Mae parasitedd yn digwydd pan fydd un rhywogaeth yn elwa tra mae un arall, yr organeb letyol, yn cael ei niweidio. Parasit yw'r llysleuen sy'n bwydo ar blanhigion, gan sugno'r nodd o goesynnau a deiliach. Gallant amharu ar dwf planhigyn, neu drosglwyddo firysau neu achosi i lwydni niweidiol dyfu arno. Bydd rhai parasitiaid, llyngyr er enghraifft, yn byw y tu mewn i'r organeb letyol. Mae eraill yn cael eu cario o un organeb letyol i'r llall, megis malaria, sy'n cael ei gario gan fosgitos.

⊙ CYDBWYSEDD

Er mwyn i ecosystem ffynnu, rhaid cael cydbwysedd rhwng cynhyrchwyr ac yswyr a'r cynefin lle maen nhw'n byw. Mae cyflwyno rhywogaeth newydd i ecosystem yn un ffordd o darfu ar y cydbwysedd hwn. Yn 1935, cyflwynwyd tua 100 llyffant y gansen i Awstralia er mwyn ceisio rheoli chwilod oedd yn bwyta cnydau cansenni siwgr. Ers hynny, cynyddodd nifer y llyffantod hyn i dros 100 miliwn. Maen nhw'n peryglu anifeiliaid brodorol oherwydd eu croen gwenwynig a'u bod yn bwyta'n awchus.

⊙ CELLOEDD

Ceir tua 200 math gwahanol o gelloedd yn y corff, yn amrywio o gelloedd bloneg, sy'n storio olew neu fraster, i gelloedd chwarennau llaeth, sy'n gallu rhyddhau llaeth mewn bronnau benywaidd. Er eu bod yn gwneud pethau gwahanol, yr un adeiledd sylfaenol sydd gan gelloedd, sef cnewyllyn a chytoplasm, rhywbeth tebyg i jeli, o fewn pilen allanol denau.

Y CORFF DYNOL

Blociau adeiladu sylfaenol y corff dynol yw tua 100 triliwn o gelloedd. Caiff llawer o'r unedau microsgopig hyn eu grwpio ynghyd i ffurfio meinweoedd. Mae organ, sy'n gwneud un neu fwy o dasgau allweddol, yn cynnwys o leiaf ddau fath o feinwe ac mae'n aml yn gweithio ar y cyd â chelloedd, meinweoedd ac organau eraill mewn system. Mae'r corff dynol yn dibynnu ar 12 prif system, gan gynnwys y system lymffatig a system cylchrediad y gwaed.

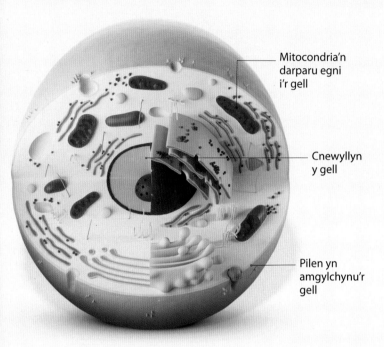

Mitocondria'n darparu egni i'r gell

Cnewyllyn y gell

Pilen yn amgylchynu'r gell

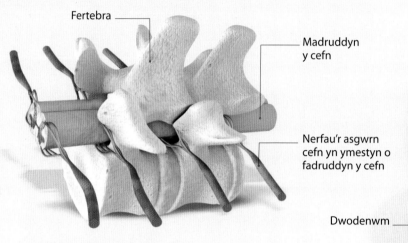

Fertebra

Madruddyn y cefn

Nerfau'r asgwrn cefn yn ymestyn o fadruddyn y cefn

Dwodenwm

⊙ MEINWE NERFOL

Bydd rhwydweithiau o gelloedd hir yn cario negeseuon trydanol drwy'r corff i'r ymennydd ac yn ôl iddo. Yn ogystal â'r nerfau unigol, mae meinwe nerfol yn ffurfio'r ymennydd sydd y tu mewn i'r penglog a madruddyn y cefn sy'n mynd drwy fertebrâu'r asgwrn cefn.

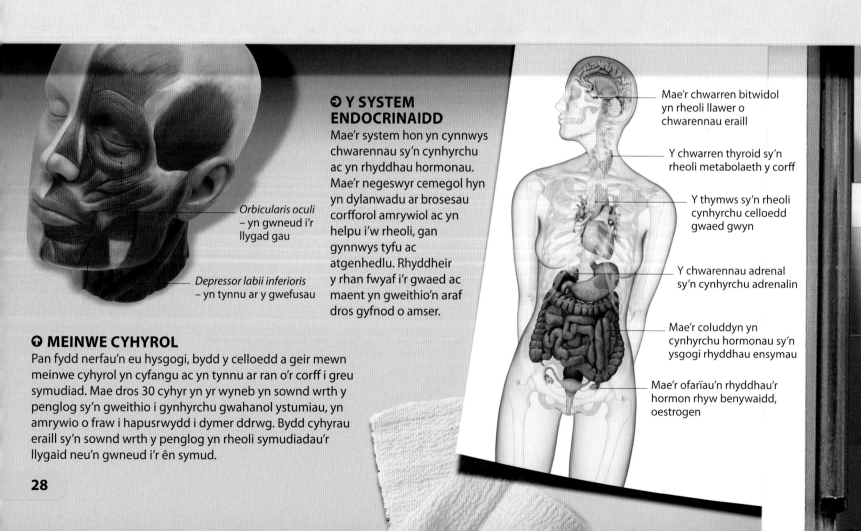

Orbicularis oculi – yn gwneud i'r llygad gau

Depressor labii inferioris – yn tynnu ar y gwefusau

⊙ Y SYSTEM ENDOCRINAIDD

Mae'r system hon yn cynnwys chwarennau sy'n cynhyrchu ac yn rhyddhau hormonau. Mae'r negeswyr cemegol hyn yn dylanwadu ar brosesau corfforol amrywiol ac yn helpu i'w rheoli, gan gynnwys tyfu ac atgenhedlu. Rhyddheir y rhan fwyaf i'r gwaed ac maent yn gweithio'n araf dros gyfnod o amser.

Mae'r chwarren bitwidol yn rheoli llawer o chwarennau eraill

Y chwarren thyroid sy'n rheoli metabolaeth y corff

Y thymws sy'n rheoli cynhyrchu celloedd gwaed gwyn

Y chwarennau adrenal sy'n cynhyrchu adrenalin

Mae'r coluddyn yn cynhyrchu hormonau sy'n ysgogi rhyddhau ensymau

Mae'r ofarïau'n rhyddhau'r hormon rhyw benywaidd, oestrogen

⊙ MEINWE CYHYROL

Pan fydd nerfau'n eu hysgogi, bydd y celloedd a geir mewn meinwe cyhyrol yn cyfangu ac yn tynnu ar ran o'r corff i greu symudiad. Mae dros 30 cyhyr yn yr wyneb yn sownd wrth y penglog sy'n gweithio i gynhyrchu gwahanol ystumiau, yn amrywio o fraw i hapusrwydd i dymer ddrwg. Bydd cyhyrau eraill sy'n sownd wrth y penglog yn rheoli symudiadau'r llygaid neu'n gwneud i'r ên symud.

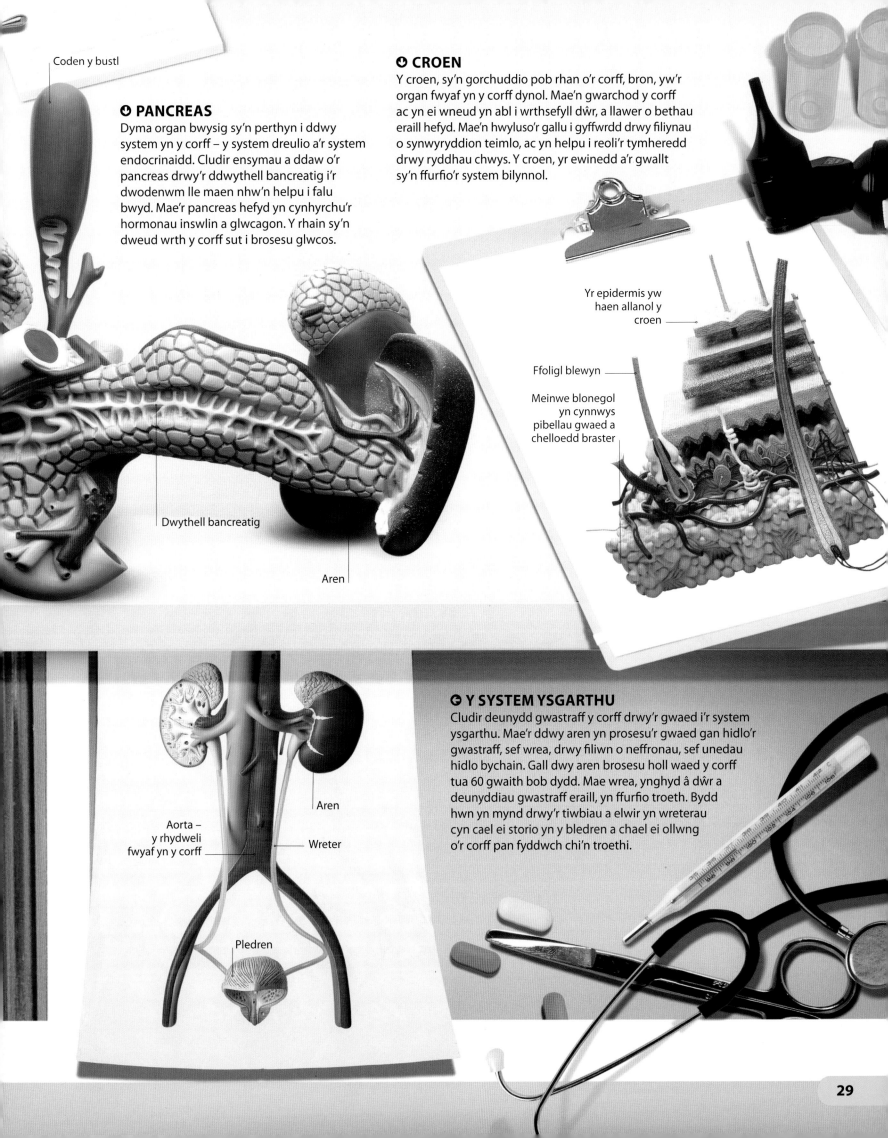

Coden y bustl

☉ PANCREAS

Dyma organ bwysig sy'n perthyn i ddwy system yn y corff – y system dreulio a'r system endocrinaidd. Cludir ensymau a ddaw o'r pancreas drwy'r ddwythell bancreatig i'r dwodenwm lle maen nhw'n helpu i falu bwyd. Mae'r pancreas hefyd yn cynhyrchu'r hormonau inswlin a glwcagon. Y rhain sy'n dweud wrth y corff sut i brosesu glwcos.

Dwythell bancreatig

Aren

☉ CROEN

Y croen, sy'n gorchuddio pob rhan o'r corff, bron, yw'r organ fwyaf yn y corff dynol. Mae'n gwarchod y corff ac yn ei wneud yn abl i wrthsefyll dŵr, a llawer o bethau eraill hefyd. Mae'n hwyluso'r gallu i gyffwrdd drwy filiynau o synwyryddion teimlo, ac yn helpu i reoli'r tymheredd drwy ryddhau chwys. Y croen, yr ewinedd a'r gwallt sy'n ffurfio'r system bilynnol.

Yr epidermis yw haen allanol y croen

Ffoligl blewyn

Meinwe blonegol yn cynnwys pibellau gwaed a chelloedd braster

☉ Y SYSTEM YSGARTHU

Cludir deunydd gwastraff y corff drwy'r gwaed i'r system ysgarthu. Mae'r ddwy aren yn prosesu'r gwaed gan hidlo'r gwastraff, sef wrea, drwy filiwn o neffronau, sef unedau hidlo bychain. Gall dwy aren brosesu holl waed y corff tua 60 gwaith bob dydd. Mae wrea, ynghyd â dŵr a deunyddiau gwastraff eraill, yn ffurfio troeth. Bydd hwn yn mynd drwy'r tiwbiau a elwir yn wreterau cyn cael ei storio yn y bledren a chael ei ollwng o'r corff pan fyddwch chi'n troethi.

Aren

Aorta – y rhydweli fwyaf yn y corff

Wreter

Pledren

YSGERBWD A CHYHYRAU

Mae 206 o esgyrn ysgafn, ond cryf, yn y corff dynol. Maen nhw'n gwarchod, yn cynnal ac yn darparu fframwaith sy'n angori cyhyrau niferus y corff. Gall esgyrn amrywio o ran maint o'r gwartholion bychan bach yn y glust i asgwrn y forddwyd, sy'n cysylltu eich pen-glin a'ch clun, asgwrn hiraf y corff. Mae rhai esgyrn, er enghraifft yr asennau sy'n ffurfio cawell yr asennau a'r penglog, fel powlen neu gawell sy'n gwarchod organau mewnol bregus.

❯ YSGERBWD

Gellir rhannu'r ysgerbwd yn ddwy ran – y rhan echelinol a'r rhan atodol. Mae'r ysgerbwd echelinol yn cynnwys y penglog, yr asgwrn cefn, yr asennau a'r sternwm neu asgwrn y frest ar flaen y frest. Yr ysgerbwd atodol yw'r esgyrn a geir yn y coesau a'r breichiau yn ogystal â'r ysgwydd a'r glun, sy'n cysylltu'r aelodau â'r ysgerbwd echelinol.

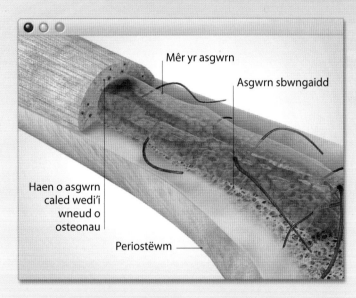

Mêr yr asgwrn

Asgwrn sbwngaidd

Haen o asgwrn caled wedi'i wneud o osteonau

Periostëwm

❍ Y TU MEWN I ESGYRN

Mae'r trawstoriad hwn o'r hwmerws (asgwrn pen ucha'r fraich) yn dangos yr haen galed gywasgedig o asgwrn a wnaed o diwbiau (osteonau) a haen ysgafnach, sef yr asgwrn sbwngaidd. Yn y canol y mae mêr yr asgwrn, sy'n storio braster mewn esgyrn hir ac sy'n gwneud celloedd gwaed coch newydd mewn rhai esgyrn fflat fel yr asennau. Mae pibellau gwaed yn darparu maetholion ac ocsigen i'r asgwrn.

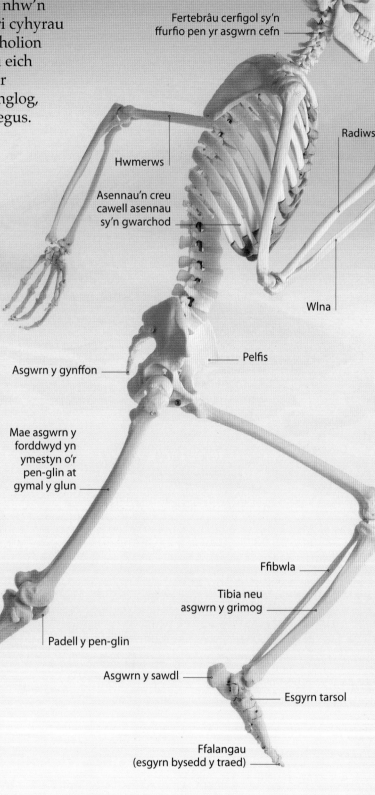

Craniwm neu'r penglog

Fertebrâu cerfigol sy'n ffurfio pen yr asgwrn cefn

Radiws

Hwmerws

Asennau'n creu cawell asennau sy'n gwarchod

Wlna

Asgwrn y gynffon

Pelfis

Mae asgwrn y forddwyd yn ymestyn o'r pen-glin at gymal y glun

Ffibwla

Tibia neu asgwrn y grimog

Padell y pen-glin

Asgwrn y sawdl

Esgyrn tarsol

Ffalangau (esgyrn bysedd y traed)

Esgyrn metatarsol sy'n cysylltu'r ffalangau â'r esgyrn tarsol

↻ CYMALAU SYNOFAIDD

Cymalau yw'r mannau lle mae dau asgwrn neu fwy yn cyfarfod. Mae cymalau synofaidd, fel y pen-glin, yn gallu symud llawer iawn. Gorchuddir pennau'r esgyrn â chartilag, a rhynddynt mae ceudod yn llawn hylif synofaidd, sy'n lleihau ffrithiant.

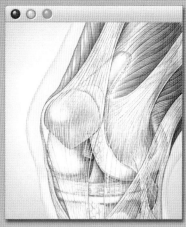

↻ SYMUDIADAU AMRYWIOL

Mae'n amhosib symud cymalau rhai esgyrn, megis y platiau sy'n ffurfio'r penglog, ac mae eraill sy'n symud ychydig yn unig, megis fertebrâu asgwrn y cefn. Mae cymalau eraill yn gallu symud llawer iawn. Gall cymalau'r bysedd a'r dwylo ganiatáu i ni ddal pethau mawr neu drin pethau mân.

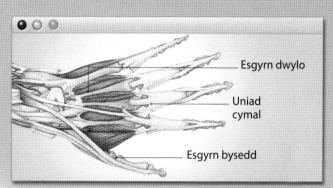

Esgyrn dwylo

Uniad cymal

Esgyrn bysedd

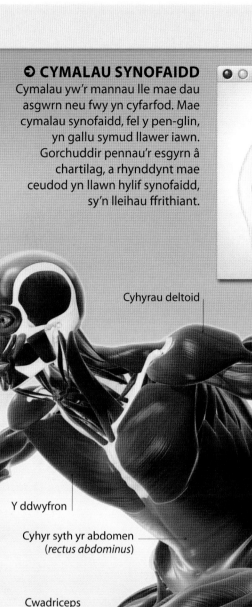

Cyhyrau deltoid

Cyhyryn triphen

Cyhyryn deuben

Y ddwyfron

Cyhyr syth yr abdomen
(*rectus abdominus*)

Cwadriceps
(cyhyr y fforddwyd)

Croth y goes
(*gastrocnemius*)

Llinyn y gar

Cyhyryn y ffolennau
(*gluteus maximus*)

Gweyllen y ffêr

Flexor digitorum brevis

↻ CYHYRAU

Mae tri math o gyhyr yn y corff dynol. Cyhyryn cardiaidd sydd yn y galon. Yn yr organau ceir cyhyrau llyfn, er enghraifft yn y coluddyn. Mae cyhyrau ysgerbydol yn gorchuddio'r ysgerbwd, gan roi siâp i'r corff, ac fe'u cysylltir â'r esgyrn trwy gyfrwng llinynnau o'r enw tendonau.

Ffibrau cyhyrau

↑ CYHYRAU YSGERBYDOL

Mae cyhyrau ysgerbydol yn llawn o ffibrau hir sy'n cynnwys llinynnau bychain o'r enw myoffibrilau. Mae pibellau gwaed yn llifo drwy'r cyhyrau, gan ddarparu ocsigen a maetholion, ac mae blaenau'r nerfau'n cludo ysgogiadau o'r ymennydd a'r system nerfol ganolog. Bydd celloedd y cyhyrau'n cyfangu mewn ymateb i signalau gan y nerfau.

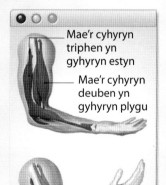

Mae'r cyhyryn triphen yn gyhyryn estyn

Mae'r cyhyryn deuben yn gyhyryn plygu

Bydd y cyhyryn deuben yn cyfangu, gan dynnu rhan flaen y fraich i fyny

↻ SYMUDIAD CYHYRAU

Mae cyhyrau'n gwneud eu gwaith drwy gyfangu a thynnu darn o'r corff mewn un cyfeiriad. Ni all cyhyrau wthio, felly rhaid i grŵp gwrthwynebol o gyhyrau dynnu'r rhan honno o'r corff yn ôl i'w safle gwreiddiol. Mae cyhyrau sy'n plygu cymal yn cael eu galw'n gyhyrau plygu a'r rhai sy'n sythu'n cael eu galw'n gyhyrau estyn.

GWAED AC ANADLU

Bob eiliad, mae system cylchrediad y gwaed yn rhoi ocsigen a maetholion i gelloedd y corff. Yng nghanol y system hon mae'r galon, pwmp cyhyrol sy'n gyrru gwaed o gwmpas y corff trwy gyfrwng rhwydwaith enfawr o bibellau gwaed. Pe baen nhw'n cael eu gosod yn un rhes, byddent yn ymestyn 150,000 km (93,000 milltir). Mae'r rhwydwaith wedi'i rhannu'n rhydwelïau, sy'n cario gwaed i ffwrdd oddi wrth y galon, a gwythiennau, sy'n cario gwaed yn ôl i'r galon.

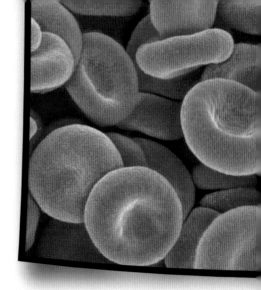

Gwythïen isglafigaidd yn cario gwaed o'r breichiau

Rhydweli isglafiglaidd yn cario gwaed i'r breichiau

Calon

Rhydweli ffemoraidd yn cario gwaed i'r coesau

Gwythïen ffemoraidd yn cario gwaed o'r coesau

Rhydweli crimogol blaen yn cario gwaed i waelod y goes a'r droed

Gwythïen saffenaidd fawr yn cario gwaed o'r droed

↻ YNO AC YN ÔL

Mae gwaed yn teithio drwy'r galon ddwywaith ar bob cylchdaith o gwmpas y corff. Cludir gwaed deocsigenedig (prin o ocsigen) yn ôl o'r corff i'r galon drwy'r gwythiennau. Yna caiff ei bwmpio i'r ysgyfaint. Yno, mae cyfnewid nwyol yn digwydd a'r gwaed sydd bellach yn llawn o ocsigen yn teithio'n ôl i mewn i'r galon cyn cael ei bwmpio allan drwy'r rhydwelïau o gwmpas y corff.

↻ CYNNWYS GWAED

Mae'r corff dynol yn cynnwys tua 5–6 litr (9–11 peint) o waed. Mae gwaed yn cynnwys hylif ao'r enw plasma a thri math o gell. Y celloedd coch sy'n cario ocsigen, tra bo'r celloedd gwyn yn ymladd clefydau. Pan fydd niwed yn digwydd i'r corff, bydd platennau, sef darnau bach o gelloedd, yn casglu at ei gilydd i lenwi'r tyllau mewn pibellau gwaed.

↑ GWAED

Gwaed yw system drosglwyddo'r corff. Mae'n cario hormonau cemegol, celloedd sy'n ymladd heintiau a gwrthgyrff, ynghyd â sawl sylwedd hanfodol arall. Bydd plasma gwaed yn cludo bwyd a maetholion toddedig eraill o gwmpas y corff yn ogystal â chludo sylweddau gwastraff oddi yno. Mae celloedd gwaed coch yn cynnwys haemoglobin, sy'n trosglwyddo ocsigen i gelloedd y corff a charbon deuocsid gwastraff oddi wrthynt. Gall un gell waed coch gario biliwn o foleciwlau ocsigen.

↻ Y GALON

Rhennir y galon yn bedair siambr – atriwm dde ac atriwm chwith, a dau fentrigl oddi tanynt. Bydd calon ddynol yn curo tua 70–75 gwaith bob munud ar gyfartaledd, a bydd yn pwmpio gwaed tua 2.5 biliwn o weithiau yn ystod oes rhywun. Mae waliau cyhyrol y ddau atriwm a'r fentriglau'n cyfangu i wthio'r gwaed drwy'r galon ac allan ohoni.

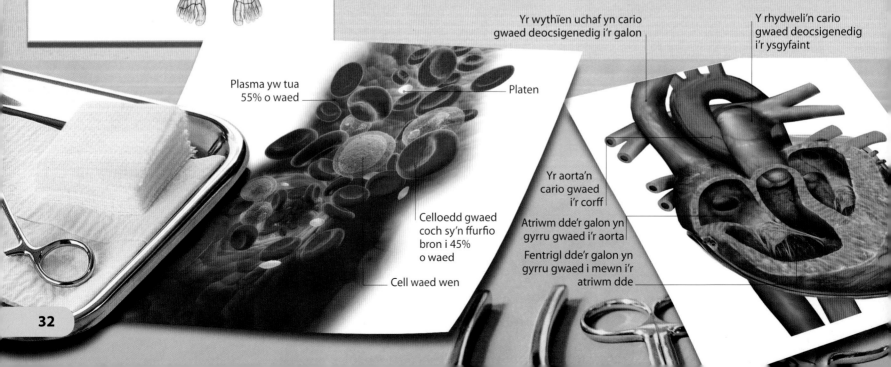

Plasma yw tua 55% o waed

Platen

Celloedd gwaed coch sy'n ffurfio bron i 45% o waed

Cell waed wen

Yr wythïen uchaf yn cario gwaed deocsigenedig i'r galon

Y rhydweli'n cario gwaed deocsigenedig i'r ysgyfaint

Yr aorta'n cario gwaed i'r corff

Atriwm dde'r galon yn gyrru gwaed i'r aorta

Fentrigl dde'r galon yn gyrru gwaed i mewn i'r atriwm dde

Aer yn cael ei anadlu drwy'r trwyn

Aer yn teithio i lawr y tracea i'r ysgyfaint

Llengig cyhyrol yn cyfangu ac llaesu pan fydd rhywun yn anadlu

⟲ CYFNEWID NWYON

Dwy goden yn cynnwys rhwydweithiau canghennog o godennau aer bach a elwir yn alfeoli yw'r ysgyfaint. Bydd ocsigen sy'n cael ei anadlu i mewn yn hydoddi yn yr alfeoli ac yn mynd i mewn i'r gwaed. Mae carbon deuocsid yn teithio'r ffordd arall, o'r gwaed i mewn i'r ysgyfaint, ac yna mae'n gadael y corff pan fyddwn yn allanadlu (anadlu allan).

Ocsigen a charbon deuocsid yn cyfnewid yn yr alfeoli

Y galon yn pwmpio gwaed yn llawn o ocsigen o gwmpas y corff

⟲ CAPILARÏAU A GWYTHIENIGAU

Mae gwaed yn teithio o'r rhydwelïau mawr drwy rydwelïau llai a rhydwelïynnau i'r capilarïau. Bydd y pibellau gwaed microsgopig hyn yn treiddio drwy feinweoedd y corff. Mae modd i ddeunydd dreiddio i mewn ac allan drwy eu waliau. Mae hyn yn caniatáu trosglwyddo maetholion ac ocsigen i gelloedd. Yn eu lle, bydd sylweddau gwastraff yn mynd i'r gwaed. Bydd y gwaed yn llifo wedyn o'r capilarïau i wythienigau sy'n ymuno â'i gilydd i ffurfio gwythiennau.

⟲ CLEFYD Y GALON

Gall nifer o wahanol gyflyrau effeithio ar allu'r galon a system cylchrediad y gwaed i weithio'n effeithiol. Mewn atherosglerosis, mae dyddodion braster o'r enw plac yn ymgasglu mewn rhydwelïau. Mae hyn yn achosi i'r rhydwelïau gulhau a chael anhawster i drosglwyddo digon o ocsigen i'r galon. Gall hyn arwain at drawiad ar y galon.

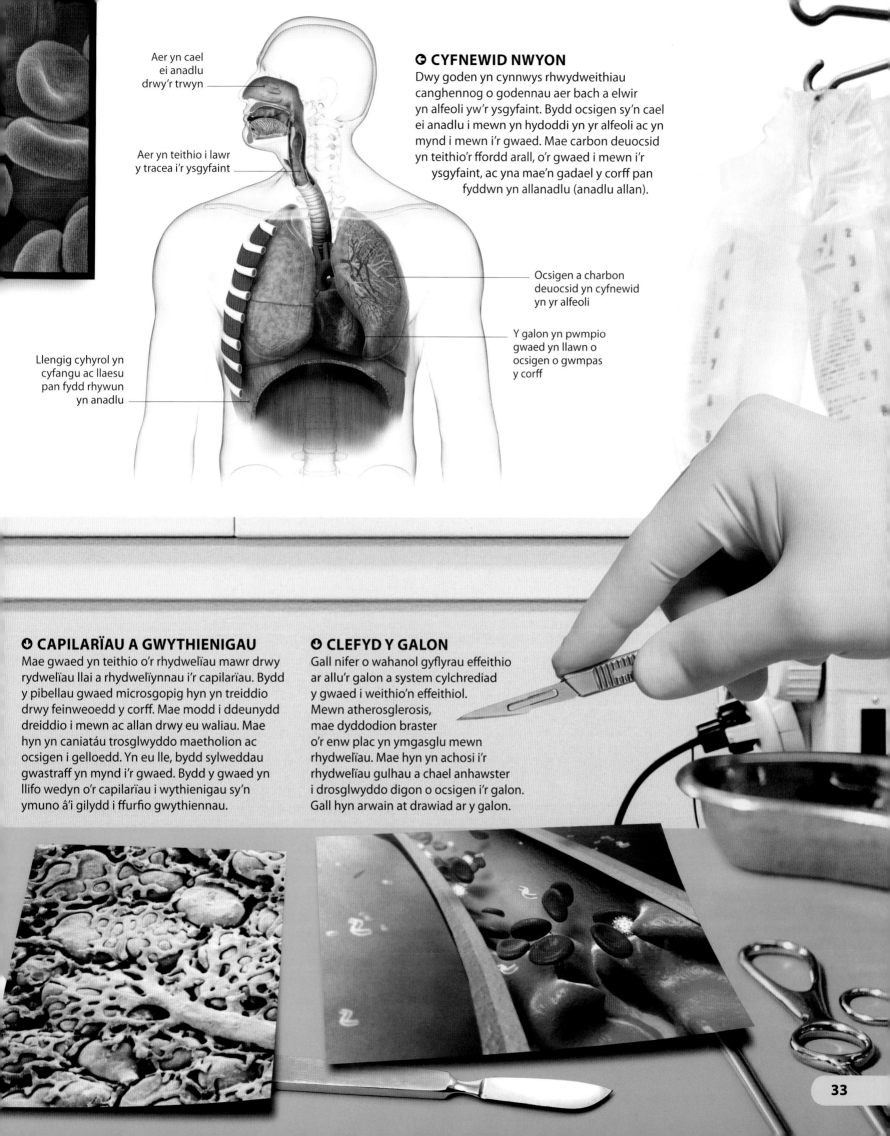

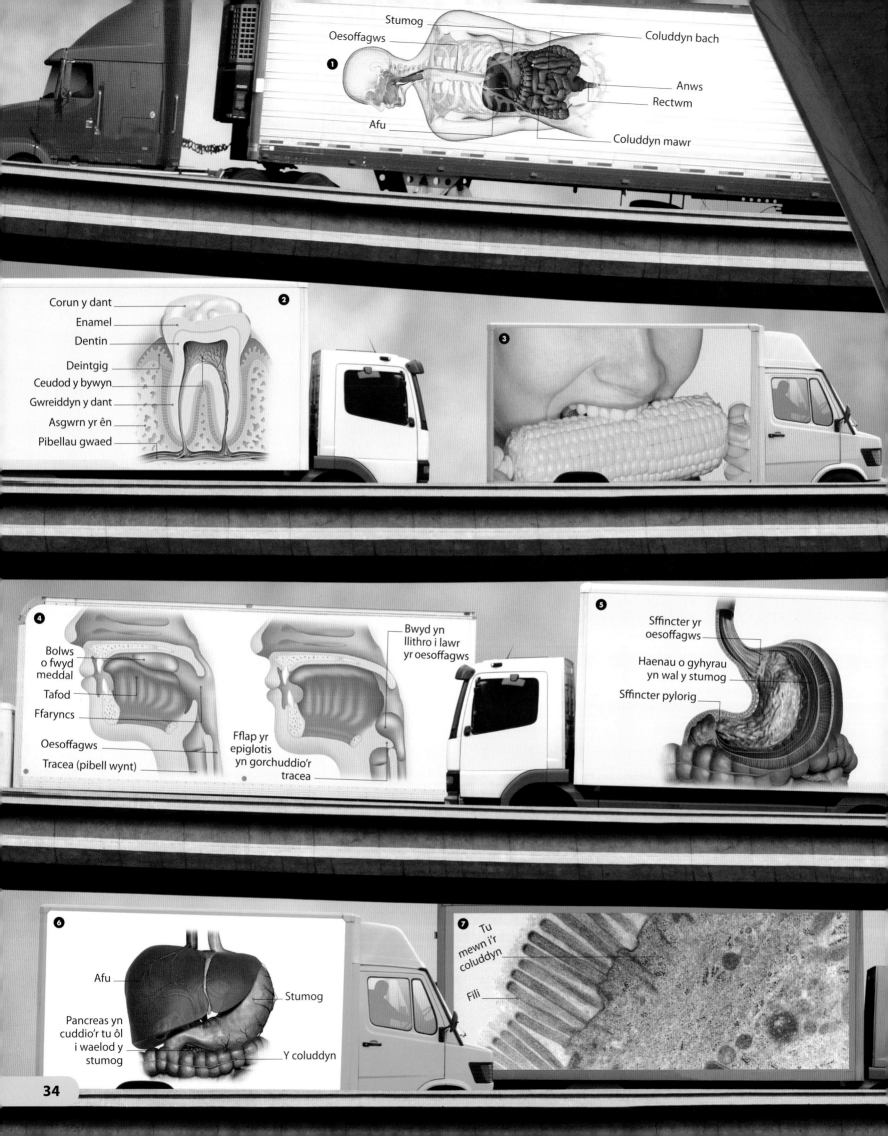

Y SYSTEM DREULIO

Mae'r maetholion mewn bwyd sydd eu hangen ar y corff dynol wedi'u cloi mewn moleciwlau bwyd mawr. Treulio yw'r broses o falu bwyd yn sylweddau y gellir eu hamsugno i'r gwaed a'r celloedd. Unwaith y byddant yn y celloedd, defnyddir yr egni a'r maetholion o fwyd fel tanwydd ar gyfer symud, ac er mwyn tyfu ac atgyweirio celloedd a meinweoedd. Bydd y broses dreulio'n dechrau cyn i'r bwyd gyrraedd y geg, hyd yn oed, wrth i arogl y bwyd gyffroi'r chwarennau poer.

❶ SYSTEM DREULIO

Mae'r system dreulio mewn pobl yn mesur tua 9 m (30 troedfedd); enw arall arni yw'r llwybr ymborth. Bydd bwyd yn cymryd 24 awr neu fwy i gyflawni'r daith sy'n dechrau yn y geg ac yn gorffen wrth i ddeunydd gwastraff ddod allan o'r anws. Ar hyd y daith, caiff bwyd ei dreulio gan rannau gwahanol o'r system dreulio cyn iddo gael ei amsugno.

❷ BRATHU

Mae gan oedolyn dynol 32 o ddannedd yn y deintgig ac esgyrn yr ên. Ar gorun dant (y rhan uwchben y deintgig) mae gorchudd ar ffurf haen galed o enamel sy'n gwarchod y dentin esgyrnog islaw. Bydd y dannedd blaen yn torri ac yn tafellu bwyd, tra bo'r cilddannedd ar siâp blociau yng nghefn y geg yn malu'r bwyd.

❸ CNOI

Bydd y gwefusau a'r dannedd blaen yn tynnu bwyd i mewn i'r geg lle bydd cyhyrau'r bochau'n gyrru esgyrn yr ên i gnoi. Mae'r tafod cyhyrol yn gwasgu'r bwyd yn erbyn y dannedd. Bydd tri phâr o ddwythellau'n chwistrellu poer, sy'n gwlychu'r bwyd wrth iddo gael ei falu. Mae'r poer hefyd yn cynnwys yr ensym ptyalin, sy'n dechrau malu'r startsh mewn bwyd.

❹ LLYNCU

Pan fydd y bwyd wedi cael ei droi'n lwmpyn meddal, gwlyb o'r enw bolws, caiff ei wthio i'r ffaryncs yng nghefn y geg gan y tafod ac mae'n symud i'r oesoffagws. Mae'r tiwb cyhyrol hwn yn cyfangu ac yn llaesu mewn symudiad tebyg i donnau'r môr (peristalsis), a dyma sy'n cario'r bwyd ar siwrne chwe eiliad i'r stumog.

❺ YN Y STUMOG

Mae'r stumog yn ehangu i dderbyn bwyd drwy gylch o gyhyr o'r enw'r sffincter yr oesoffagws. Bydd haenau o gyhyrau yn waliau'r stumog yn cyfangu tua thair gwaith bob munud i falu a chymysgu bwyd. Mae'r stumog yn creu suddion gastrig sy'n cynnwys ensymau sy'n dadelfennu'r bwyd. Ar ben arall y stumog mae'r sffincter pylorig yn rhwystro bwyd rhag mynd i'r coluddyn.

❻ YR AFU A'R PANCREAS

Cedwir cynnwys y stumog (treulfwyd) am 2–6 awr. Yna bydd y sffincter pylorig yn agor a'r treulfwyd yn cael ei wthio i'r coluddyn bach. Yno, bydd y treulfwyd yn cael ei wneud yn llai asidig, a bydd bustl o'r afu'n malu'r braster, gan ei wneud yn haws i'w dreulio. Mae sudd panreatig yn torri'r bwyd yn unedau symlach hefyd.

❼ Y COLUDDYN BACH

Bydd yr ensymau'n dal i weithio yn y coluddyn bach. Gorchuddir wal y coluddyn gan nifer fawr iawn o ddarnau bach tebyg i fysedd (fili), sy'n amsugno bwyd. Newidir proteinau yn asidau amino, braster yn asidau brasterog, a charbohydradau yn siwgrau. Yna, mae'r rhain yn pasio drwy waliau'r coluddyn i mewn i'r gwaed.

❽ Y COLUDDYN MAWR

Mae'r gweddillion dyfrllyd sydd ar ôl wedi'r broses o dreulio bwyd, ynghyd â'r suddion, yn gadael y coluddyn bach ac yn symud i'r coluddyn mawr, sy'n mesur tua 1.5–1.8 m (5–6 troedfedd), ac yn aros yno am rhwng 12 a 24 awr. Yma, amsugnir llawer o ddŵr a rhai mwynau, a bydd dros 400 math gwahanol o facteria yn y coluddyn mawr, megis y bacteria sacarolytig hyn, yn dadelfennu ac yn amsugno rhagor o faetholion. Mae'r deunydd sy'n weddill, sef carthion, yn cael ei storio yn y rectwm ac yn cael ei wthio allan o'r anws.

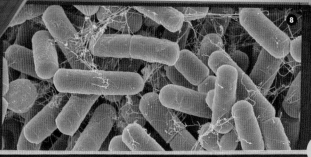

YR YMENNYDD A'R SYNHWYRAU

Bydd pobl yn dibynnu ar eu synhwyrau i gasglu gwybodaeth am y byd o'u cwmpas. Mae data o organau'r synhwyrau'n llenwi'r ymennydd drwy'r amser. Yr ymennydd sy'n monitro ac yn rheoli gweithredoedd anymwybodol y corff, megis anadlu a threulio bwyd, yn ogystal â gweithredoedd ymwybodol fel meddwl a symud. Bydd yr ymennydd yn anfon cyfarwyddiadau ac yn derbyn gwybodaeth gan y synhwyrau ar ffurf signalau trydanol drwy'r system nerfol.

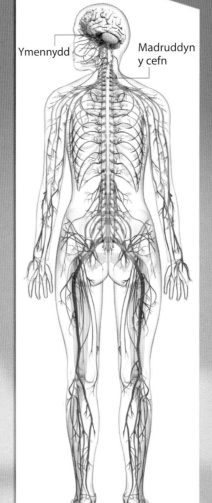

Ymennydd

Madruddyn y cefn

◑ YR YMENNYDD

Yr ymennydd yw canolfan reoli'r corff. Mae'n pwyso tua 1.5 kg (3.5 pwys) ac mae'n defnyddio dros 20% o egni'r corff wrth iddo dderbyn adborth oddi wrth synhwyrau'r corff. Mae hefyd yn gwneud penderfyniadau ac yn anfon cyfarwyddiadau i weddill y corff. Mae'r ymennydd yn cynnwys tua 100 biliwn o gelloedd ymennydd arbenigol, sef niwronau, sy'n ffurfio rhwydweithiau enfawr ymysg ei gilydd.

◐ Y SYSTEM NERFOL

Mae'r system nerfol ganolog yn cynnwys yr ymennydd a madruddyn y cefn. Mae miliynau o niwronau'n ymledu i bob cyfeiriad ohonynt, i ffurfio'r system nerfol berifferol, sy'n ymestyn drwy'r corff cyfan. Gall niwronau'r synhwyrau gario gwybodaeth i'r system nerfol ganolog, ac mae niwronau echddygol yn trosglwyddo cyfarwyddiadau o'r system nerfol ganolog i symud cyhyrau.

TEIMLO ◑

Mae synnwyr teimlo'n darparu data am amgylchedd agos y corff. Bydd celloedd derbyn yn y croen yn ymateb i gyffyrddiad ysgafn, pwysau, dirgrynu, tymheredd a phoen. Mae'r derbynyddion i'w cael dros y corff i gyd ond nid ydynt wedi'u gwasgaru'n gyfartal. Mae rhai rhannau, fel blaenau ein bysedd a'n gwefusau, yn llawer mwy sensitif gan eu bod yn cynnwys llawer mwy o gelloedd derbyn.

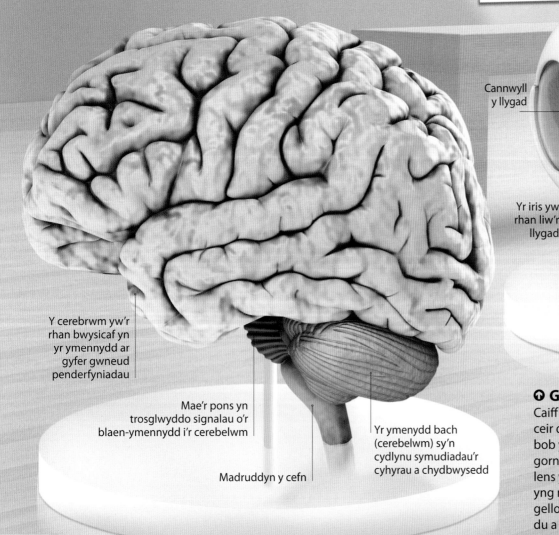

Y cerebrwm yw'r rhan bwysicaf yn yr ymennydd ar gyfer gwneud penderfyniadau

Mae'r pons yn trosglwyddo signalau o'r blaen-ymennydd i'r cerebelwm

Madruddyn y cefn

Yr ymenydd bach (cerebelwm) sy'n cydlynu symudiadau'r cyhyrau a chydbwysedd

Mae cyhyryn uchaf y llygad yn rholio'r llygad tuag i fyny

Chwarren ddagrau

Cannwyll y llygad

Yr iris yw rhan liw'r llygad

Mae cyhyryn ochr y llygad yn tynnu'r llygad o'r naill ochr i'r llall

◔ GWELD

Caiff pelen y llygad ei gwarchod gan dwll esgyrnog lle ceir dwythellau dagrau sy'n golchi wyneb pelen y llygad bob ychydig eiliadau. Daw golau i mewn i'r llygad drwy'r gornbilen glir ac agoriad o'r enw cannwyll y llygad. Bydd lens yn ffocysu'r golau er mwyn iddo ddisgyn ar y retina yng nghefn y llygad. Mae'r retina'n cynnwys miliynau o gelloedd sy'n gallu derbyn golau: rhodenni, sy'n 'gweld' du a gwyn, a chonau, sy'n 'gweld' mewn lliw.

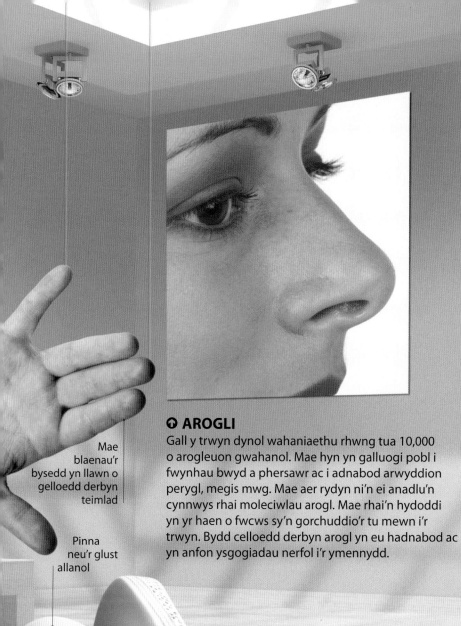

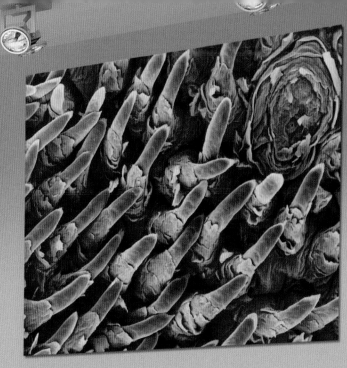

⊙ BLASU

Mae tua 10,000 o flasbwyntiau (ochr dde uchaf y llun), yn y geg – ar wyneb y tafod, ar do'r geg ac yn ymyl y ffaryncs. Gall y rhain wahaniaethu rhwng pum prif flas: melys, sur, chwerw, hàllt ac umami, blas sawrus a geir mewn cig, caws a madarch. Bydd ffibrau nerfol yn y blasbwyntiau'n anfon signalau'n syth i'r ymennydd.

Mae blaenau'r bysedd yn llawn o gelloedd derbyn teimlad

Pinna neu'r glust allanol

⊙ AROGLI

Gall y trwyn dynol wahaniaethu rhwng tua 10,000 o arogleuon gwahanol. Mae hyn yn galluogi pobl i fwynhau bwyd a phersawr ac i adnabod arwyddion perygl, megis mwg. Mae aer rydyn ni'n ei anadlu'n cynnwys rhai moleciwlau arogl. Mae rhai'n hydoddi yn yr haen o fwcws sy'n gorchuddio'r tu mewn i'r trwyn. Bydd celloedd derbyn arogl yn eu hadnabod ac yn anfon ysgogiadau nerfol i'r ymennydd.

Cochlea

Esgyrnynnau'r glust

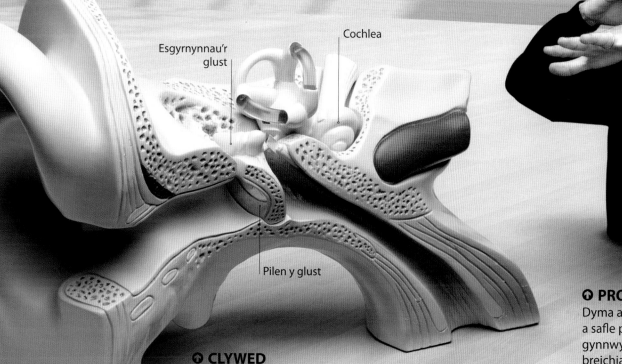

Pilen y glust

⊙ CLYWED

Mae sain yn teithio ar ffurf tonnau sy'n dirgrynu. Bydd y glust allanol yn gweithredu fel twndish i gasglu sain i mewn i'r glust, lle bydd yn achosi i bilen y glust ddirgrynu. Mae tri asgwrn bach, esgyrnynnau'r glust, yn chwyddo'r dirgryniadau hyn, ac yna maen nhw'n mynd i'r cochlea, tiwb torchog yn llawn o hylif. Mae'r dirgryniadau'n creu tonnau bach yn hylif y cochlea sy'n gallu plygu blew bach sy'n gorchuddio'r tu mewn i'r cochlea. Y blew hyn sy'n anfon y signalau i'r ymennydd, ac mae'r ymennydd yn dehongli'r sain.

⊙ PROPRIODDERBYNIAETH

Dyma allu'r corff i adnabod lleoliad a safle pob rhan ohono'i hun, gan gynnwys cyfeiriad symud y breichiau a'r coesau a safle cymalau. Propriodderbyniaeth sy'n galluogi rhywun i gyffwrdd â'i drwyn pan fydd ei lygaid ar gau, am fod y corff yn synhwyro symudiad y bys a'i leoliad o'i gymharu â'r wyneb.

ATGYWEIRIO'R CORFF

Mae gan y corff dynol allu rhyfeddol i aildyfu ac atgyweirio'i hun. Gall prosesau o fewn y corff helpu i gynnal a chadw llawer rhan o'r corff yn ystod ei fywyd. Mewn oedolyn, mae celloedd cyffredinol, bôn-gelloedd somatig, y gall y corff eu defnyddio a'u troi'n rhai mathau o gelloedd –gwaed, asgwrn neu nerf. Pan na all y corff dynol atgyweirio rhan ohono'i hun, gall gwyddoniaeth feddygol gynnig ffyrdd o helpu.

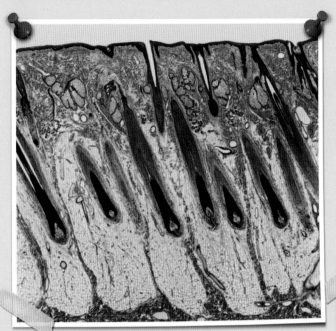

⭡ ADNEWYDDU CYSON

Adnewyddir rhai mathau o gelloedd yn y corff dynol mewn proses barhaus. Dim ond am ychydig fisoedd y bydd celloedd gwaed coch yn para cyn cael eu disodli, tra bydd celloedd afu dynol yn cael eu hadnewyddu bob 300–500 niwrnod. Mae celloedd ar wyneb y croen (a welir yn y llun uchod) yn rhwbio ac yn cael eu colli'n gyson. Bydd celloedd o haen ddyfnaf yr epidermis yn cymryd eu lle. Bydd y rhain yn rhannu'n gelloedd newydd, yn cael eu gwthio tua'r brig, yn marw ac yn ffurfio rhwystr gwarchodol.

↻ GWELLA CLWYFAU

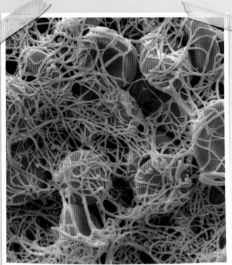

Pan fydd y croen yn torri, bydd celloedd gwaed coch yn glynu yn ei gilydd â rhwyd o brotein a elwir yn ffibrin (y ffibrau llwyd yn y llun) i ffurfio tolchen. Gall sylweddau niweidiol fynd i mewn i'r corff drwy glwyf, felly bydd rhai celloedd gwaed gwyn yn cynhyrchu gwrthgyrff sy'n ymladd yn erbyn unrhyw haint a achosir gan y sylweddau hyn. Bydd celloedd gwyn eraill yn gweithredu proses o'r enw ffagocytosis – yn amgylchynu'r bacteria ac yn eu difa. Bydd capilarïau gwaed yn tyfu ger lleoliad y clwyf, ac ymhen amser bydd meinwe newydd yn ffurfio o gwmpas y clwyf a drosto.

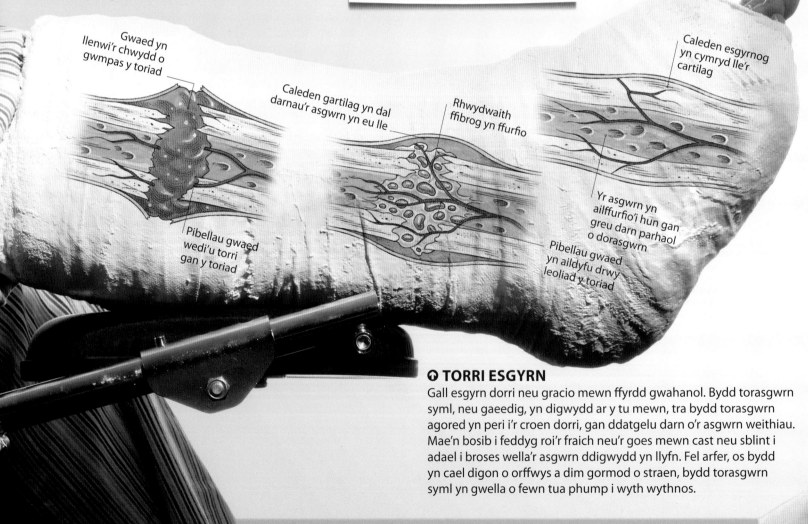

Gwaed yn llenwi'r chwydd o gwmpas y toriad

Caleden gartilag yn dal darnau'r asgwrn yn eu lle

Rhwydwaith ffibrog yn ffurfio

Caleden esgyrnog yn cymryd lle'r cartilag

Pibellau gwaed wedi'u torri gan y toriad

Yr asgwrn yn ailffurfio'i hun gan greu darn parhaol o dorasgwrn

Pibellau gwaed yn aildyfu drwy leoliad y toriad

⭡ TORRI ESGYRN

Gall esgyrn dorri neu gracio mewn ffyrdd gwahanol. Bydd torasgwrn syml, neu gaeedig, yn digwydd ar y tu mewn, tra bydd torasgwrn agored yn peri i'r croen dorri, gan ddatgelu darn o'r asgwrn weithiau. Mae'n bosib i feddyg roi'r fraich neu'r goes mewn cast neu sblint i adael i broses wella'r asgwrn ddigwydd yn llyfn. Fel arfer, os bydd yn cael digon o orffwys a dim gormod o straen, bydd torasgwrn syml yn gwella o fewn tua phump i wyth wythnos.

⊙ ⊙ CYMALAU NEWYDD

Gall traul, damwain neu afiechyd gael effaith niweidiol ar y ffordd y mae cymalau sy'n cario pwysau weithio, cymalau megis y glun, y pen-glin a'r ffêr. Gall cartilag y cymal, sy'n lleihau ffrithiant rhwng yr esgyrn sy'n symud, drelio'n ddim gan achosi poen, chwyddo a diffyg symud. Mae'n bosib cael llawdriniaeth i ailosod darnau artiffisial lle bu'r cymalau naturiol.

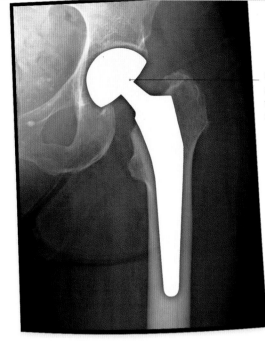

Cymal clun artiffisial â'r bêl wedi'i gosod yn nhwll y glun

Cymal pen-glin newydd

PROSTHESIS ⊙

Prosthesis yw'r enw ar ddarn artiffisial o gorff sy'n cael roi yn lle darn y bu'n rhaid ei golli oherwydd ei fod wedi'i niweidio, wedi cael afiechyd, neu fod rhywun wedi'i eni hebddo. Mae breichiau a choesau prosthetig modern yn galluogi'r rhai sy'n eu defnyddio i symud yn rhwydd. Mae Oscar Pistorius, y rhedwr o Dde Affrica, yn defnyddio coesau prosthetig a wnaed o garbon ffibr ac sy'n plygu ychydig wrth daro yn erbyn y trac.

⊙ TRAWSBLANNU

Gellir tynnu meinweoedd ac organau byw o gorff rhoddwr a'u trawsblannu yng nghorff rhywun arall gan lawfeddygon. Daw rhai organau trawsblannu, gan gynnwys calonnau, o gyrff pobl iach a fu farw'n sydyn. Gall eraill, fel aren unigol, gael eu tynnu o gorff rhoddwr byw. Ym mhob achos rhaid cymryd cyffuriau i atal proses amddiffyn naturiol y corff rhag peri i'r corff wrthod y trawsblaniad.

GENETEG

Geneteg yw'r enw a roddir ar yr astudiaeth wyddonol o enynnau – y cyfarwyddiadau sy'n rheoli twf person, ei ddatblygiad a'i iechyd. Mae'r rhain yn cael eu trosglwyddo o rieni i'w plant drwy atgenhedlu rhywiol. Mae gan bob cell yn y corff dynol dros 20,000 o enynnau wedi'u storio yn y cnewyllyn. Yn y genynnau hyn mae'r cod genetig cyflawn ar gyfer person; mae'r cod hwn ychydig yn wahanol i bob person, heblaw am efeilliaid unfath, sy'n golygu bod gan bawb set unigryw o nodweddion – pethau sy'n eu gwneud yn wahanol i bawb arall.

CROMOSOMAU

Mae cell yn cynnwys pecyn DNA o 23 pâr o gromosomau. Mae 22 o'r parau hyn yn union yr un fath mewn dynion a merched. Y trydydd pâr ar hugain yw'r cromosomau rhyw. Mae'r pâr hwn yn cynnwys dau gromosom X mewn merched (XX) ac un X ac un Y mewn dynion (XY). Mae celloedd rhyw dynion a merched (sberm ac wyau) yn cynnwys un yn unig o'r ddau gromosom rhyw. Bachgen bach fydd yn cael ei eni os yw'r sberm yn cynnwys y cromosom Y.

Mae cromosom yn ffurfio siâp â chanddo bedair braich ychydig cyn i gell ymrannu

DNA

Ceir genynnau mewn llinynnau hir fel rhubanau o foleciwlau asid deocsiriboniwcleig (DNA). Bydd parau o foleciwlau DNA yn cylchdroi mewn ffurf a elwir yn helics dwbl. Cânt eu cysylltu gan sylweddau cemegol o'r enw basau, sy'n dod mewn parau. Bydd sawl dilyniant o'r parau basau hyn yn ffurfio genynnau. Gall DNA gopïo'i hun pan fydd rhannu celloedd yn digwydd nes bod union gopi o'r DNA yn bresennol yn y gell newydd.

ETIFEDDIAD

Gall tair cenhedlaeth o'r un teulu rannu llawer o nodweddion tebyg o ganlyniad i'r ffaith fod rhiant a phlentyn yn rhannu 99.95% o'r un DNA. Mae plentyn yn etifeddu hanner ei gromosomau gan ei dad a hanner gan ei fam. Weithiau ni fydd y genynnau a ddaeth oddi wrth y ddau riant yn cyd-daro – yn achos lliw gwallt, er enghraifft. Yn yr achos hwnnw, y genyn trechol sy'n ennill a dyma a etifeddir gan y plentyn.

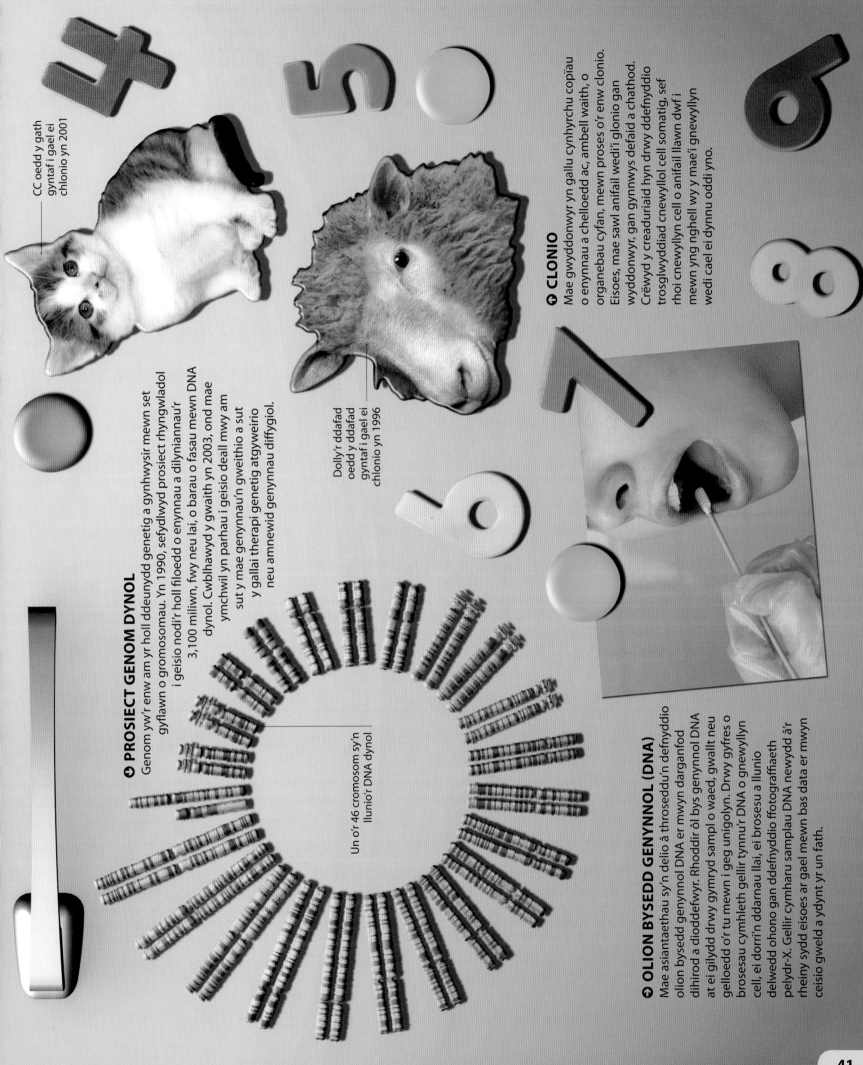

CC oedd y gath gyntaf i gael ei chlonio yn 2001

● PROSIECT GENOM DYNOL

Genom yw'r enw am yr holl ddeunydd genetig a gynhwysir mewn set gyflawn o gromosomau. Yn 1990, sefydlwyd prosiect rhyngwladol i geisio nodi'r holl floedd o enynnau a dilyniannau'r 3,100 miliwn, fwy neu lai, o barau o fasau mewn DNA dynol. Cwblhawyd y gwaith yn 2003, ond mae ymchwil yn parhau i geisio deall mwy am sut y mae genynnau'n gweithio a sut y gallai therapi genetig atgyweirio neu amnewid genynnau diffygiol.

Un o'r 46 cromosom sy'n llunio'r DNA dynol

Dolly'r ddafad oedd y ddafad gyntaf i gael ei chlonio yn 1996

● CLONIO

Mae gwyddonwyr yn gallu cynhyrchu copïau o enynnau a chelloedd ac, ambell waith, o organebau cyfan, mewn proses o'r enw clonio. Eisoes, mae sawl anifail wedi'i glonio gan wyddonwyr, gan gynnwys defaid a chathod. Crëwyd y creaduriaid hyn drwy ddefnyddio trosglwyddiad cnewyllol cell somatig, sef rhoi cnewyllyn cell o anifail llawn dwf i mewn yng nghell wy y mae'i gnewyllyn wedi cael ei dynnu oddi yno.

● OLION BYSEDD GENYNNOL (DNA)

Mae asiantaethau sy'n delio â throseddu'n defnyddio olion bysedd genynnol DNA er mwyn darganfod dihirod a dioddefwyr. Rhoddir ôl bys genynnol DNA at ei gilydd drwy gymryd sampl o waed, gwallt neu gelloedd o'r tu mewn i geg unigolyn. Drwy gyfres o brosesau cymhleth gellir tynnu'r DNA o gnewyllyn cell, ei dorri'n ddarnau llai, ei brosesu a llunio delwedd ohono gan ddefnyddio ffotograffiaeth pelydr-X. Gellir cymharu samplau DNA newydd â'r rheiny sydd eisoes ar gael mewn bas data er mwyn ceisio gweld a ydynt yr un fath.

41

PIGAU'R GRAIG
Hŵdŵs yw'r ffurfiau rhyfedd hyn o greigiau. Mae'r rhain i'w gweld ym Mharc Cenedlaethol Bryce Canyon yn nhalaith Utah, yr Unol Daleithiau. Crëwyd y pileri hyn o greigiau gwaddod drwy erydiad dros filiynau o flynyddoedd.

Y Ddaear

DECHRAU'R DDAEAR

Mae'r Ddaear wedi bodoli ers tua 4,600 miliwn o flynyddoedd. Mae'r blaned ar ffurf tebyg i sffêr wedi'i wasgu ychydig, ac mae ei diamedr yn 12,756 km (7,973 milltir) ar y cyhydedd – y llinell sy'n rhedeg ar hyd canol y blaned, yr un pellter o Begwn y Gogledd a Phegwn y De. Mae'r blaned yn troi ar ei hechel ac yn gwneud un cylchdro cyflawn bob 23 awr a 56 munud. Y Ddaear yw'r unig blaned yn y Bydysawd y gwyddom sy'n gallu cynnal bywyd.

◑ FFURFIO'R DDAEAR

Tua 5 biliwn o flynyddoedd yn ôl, daeth yr Haul i fod fel cynseren, gan dynnu llwch a nwy i'w chanol; yna cynhesodd ac anfon allan bentwr o nwy a llwch. Dros gyfnod o gannoedd o filiynau o flynyddoedd, byddai'r deunydd hwn yn casglu at ei gilydd, yn gwrthdaro, yn cynhesu ac yn oeri, gan ffurfio'r hyn a geir yng Nghysawd yr Haul, gan gynnwys y Ddaear.

❶ Llwch a chraig Tynnwyd gronynnau o lwch a darnau bach o graig oedd yn cylchdroi'r Haul at ei gilydd gan eu disgyrchiant eu hunain. Cafodd y creigiau eu hasio at ei gilydd gan wres a gynhyrchwyd gan y gwrthdaro, gan greu clystyrau mwy. Enw'r broses hon yw ymgasgliad.

❷ Pelen o dân Yn gynnar yn oes y Ddaear, cafodd ei tharo dro ar ôl tro gan sbwriel creigiog, gan gynhyrchu gwres mawr iawn. Oherwydd gan gynhyrchu gwres mawr iawn. Oherwydd gan gynhyrchu adweithiau ymbelydrol, toddodd y hyn, ac adweithiau ymbelydrol, toddodd y blaned gan greu haenau gwahanol.

❸ Cramen yn oeri Symudodd deunyddiau trwm, yn llawn o haearn, i gyfeiriad canol y Ddaear, gan ffurfio'r crombil neu'r craidd. Dechreuodd deunyddiau ysgafnach oeri gan ffurfio mantell a chramen allanol y blaned.

❹ Moroedd a chefnforoedd Roedd yr atmosffer cynnar yn cynnwys anwedd dŵr. Wrth i'r Ddaear oeri, cyddwysodd yr anwedd dŵr gan ddisgyn yn ôl i wyneb y Ddaear a ffurfio'r cefnforoedd cynnar.

❺ Tir yn symud Ar ddechrau'r Ddaear roedd y gramen gyfandirol yn bodoli fel un cyfandir enfawr o'r enw Pangea. Tua 200 miliwn o flynyddoedd yn ôl, ffurfiwyd y cyfandiroedd gwahanol sy'n gyfarwydd i ni heddiw.

❻ Y blaned heddiw Mae gan y Ddaear heddiw atmosffer sy'n cynnwys digonedd o ocsigen ac amodau eraill sy'n gallu cynnal amrywiaeth enfawr o fywyd.

⊙ TU MEWN I'R DDAEAR

Mae'r Ddaear yn cynnwys tair prif haen – craidd, mantell a chramen greigiog. Rhennir y craidd yn graidd mewnol solet, o haearn a nicel, a chraidd tawdd allanol. Gall tymheredd y craidd mewnol fod yn uwch na 6,600 °C (11,900 °F). Mae'r fantell yn amgylchynu'r craidd ac yn cynnwys craig dywyll, drom o'r enw peridotit yn bennaf. Mae'r gramen yn ynysu'r rhan fwyaf o arwyneb y Ddaear rhag y tymheredd uchel eithriadol a geir yn y craidd a'r fantell.

Craidd mewnol, diamedr 1,300 km (815 milltir)

Craidd allanol, tua 2,200 km (1,400 milltir) o drwch

Mantell – 2,900 km (1,800 milltir) o ddyfnder

Cramen cefnfor – hyd at 5 km (3 milltir) o ddyfnder

⊙ BYWYD AR Y DDAEAR

Nid oes sicrwydd sut yn union y dechreuodd bywyd ar y Ddaear. Ond credir bod bywyd wedi dechrau ar ôl i'r blaned oeri ddigon i lynnoedd o ddŵr ffurfio. Mae gwyddonwyr wedi dod o hyd i ficro-organebau ungell ar ffurf ffosil mewn creigiau sy'n dyddio mor bell â 3.5 biliwn o flynyddoedd yn ôl. Mae'r syanobacteriwm hwn yn enghraifft o'r algau gwyrddlas sy'n un o'r ffurfiau cyntaf o fywyd.

Troposffer

Stratosffer

Ecsosffer

⊙ SWIGOD POETH

Mewn rhai ardaloedd, bydd dŵr yn disgyn yn ddwfn i'r gramen lle caiff ei gynhesu wrth ddod i gyswllt â chreigiau poeth. Bydd llawer iawn o'r dŵr hwn yn aros mewn cronfeydd geothermol o dan yr wyneb. Ond bydd rhywfaint ohono'n ailymddangos ar yr wyneb, ac yn ffurfio ffynhonnau poeth a ffrydiau o ddŵr poeth a stêm ar ffurf geiser. Yn y llun, mae mwnciod macac yn dianc rhag oerfel gaeaf Japan drwy ymdrochi mewn ffynnon boeth.

⊙ ATMOSFFER

Cocŵn o nwyon yw atmosffer y Ddaear; mae'n amgylchynu'r blaned ac yn ymestyn i fyny nes bod yr haen allanol, yr ecsosffer, yn cyfuno â'r gofod. Mae'r haen agosaf at y Ddaear, y troposffer, yn ymestyn o lefel y môr i fyny at uchder o tua 15 km (10 milltir). Mae'n cynnwys aer a gwlybaniaeth sy'n cylchdroi, a dyma sy'n gyfrifol am y rhan fwyaf o dywydd y blaned. Uwchlaw, mae'r stratosffer sychach, sy'n ymestyn i fyny tua 50–60 km (30–40 milltir).

PLATIAU A FFAWTIAU

Nid un darn yn unig yw cramen y Ddaear. Mae'n cynnwys nifer o blatiau neu dafelli enfawr sy'n arnofio ar wyneb mantell y Ddaear. Mae gwres a gynhyrchir gan ymbelydredd yn ddwfn yn y Ddaear yn achosi i geryntau darfudiad lifo drwy'r fantell. Mae'r platiau'n symud ar y ceryntau hyn, tua 1–20 cm (0.5–8 modfedd) bob blwyddyn. Byddan nhw'n dod ynghyd neu'n tynnu oddi wrth ei gilydd gan greu gweithgaredd folcanig neu ddaeargrynfeydd yn ogystal â thirwedd newydd.

☼ DRIFFT CYFANDIROL

Yn y gorffennol pell, roedd y cyfandiroedd mewn mannau hollol wahanol. Tua 250 miliwn o flynyddoedd yn ôl, fe wnaethon nhw uno fel un uwchgyfandir o'r enw Pangea. Yna, symudodd rhai platiau yn y gramen oddi wrth ei gilydd dros amser, mewn proses o'r enw drifft cyfandirol. Gwahanodd Gogledd America, er enghraifft, oddi wrth Ewrop, wrth i Gefnfor Iwerydd ddechrau ffurfio tua 150 miliwn o flynyddoedd yn ôl.

170 miliwn o flynyddoedd yn ôl, roedd De America ac Affrica'n gwahanu'n araf bach

Heddiw, mae Cefnfor Iwerydd yn ymledu tua 2.5 cm (modfedd) bob blwyddyn

Lafa'n poeri allan yn Krafla yng Ngwlad yr Iâ, sydd wedi'i lleoli ar gefnen gefnforol canol yr Iwerydd

☼ CEFNFOROEDD YN YMLEDU

Caiff cramen gefnforol newydd ei chreu mewn holltau enfawr yng nghanol y cefnforoedd. Wrth i'r platiau dynnu ar wahân, bydd y gwasgedd o dan y gramen yn lleihau, gan adael i graig dawdd (magma) godi o fan dwfn ym mantell y Ddaear tua'r wyneb. Bydd cadwynau enfawr o fynyddoedd a llosgfynyddoedd yn ffurfio ar wely'r môr, a gall rhai godi uwchlaw lefel y dŵr i ffurfio ynysoedd.

☼ FFINIAU PLATIAU

Pan fydd dau blât neu fwy yn cwrdd, byddant yn ffurfio ffiniau. Mewn ffiniau dargyfeiriol, bydd platiau'n tynnu ar wahân. Lle mae'r platiau'n tansugno, bydd un plât yn mynd o dan y llall. Yr hyn sy'n digwydd mewn ffiniau trawsffurfio yw fod platiau'n llithro ac yn rhygnu heibio'i gilydd. Yn achos ffiniau gwrthdaro, bydd dwy gramen gyfandirol yn crensian ynghyd. Yn aml caiff craig ei gwthio tuag i fyny ar hyd ffiniau i ffurfio cadwynau o fynyddoedd. Gwrthdaro rhwng platiau Ewrasia ac Indo-Awstralia ffurfiodd fynyddoedd yr Himalaya.

Tansugno

Trawsffurfio

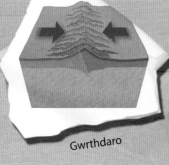

Gwrthdaro

Dargyfeirio

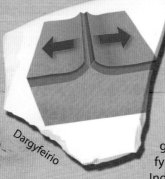

⊖ FFAWTIAU

Ffawt yw'r enw a roddir ar grac mawr yng nghramen y Ddaear lle mae'r creigiau ar y ddwy ochr wedi symud. Ceir miloedd o ffawtiau ond mae'r rhai mwyaf yn tueddu i ddigwydd o ganlyniad i symudiad platiau'n gwasgu ac yn ymestyn y gramen. Achosir Ffawt San Andreas (a welir yn y llun) gan symudiad platiau'r Cefnfor Tawel a Gogledd America. Maen nhw wedi gwrthdaro a llithro heibio'i gilydd gymaint â 4–6 cm (1.5–2.5 modfedd) bob blwyddyn.

⊙ CREU MYNYDDOEDD

Bydd symudiad platiau'n cynhyrchu grymoedd enfawr sy'n gallu plygu a chodi creigiau i greu mynyddoedd uchel, yn enwedig ar hyd y ffiniau rhwng platiau. Mae mynyddoedd yr Andes yn Ne America yn cynnwys cadwynau o fynyddoedd ac ardaloedd o ucheldir sy'n rhedeg o un pen o Dde America i'r llall, ac maen nhw'n cynnwys o leiaf 50 copa sy dros 6,000 m (20,000 troedfedd). Ffurfiwyd mynyddoedd yr Andes pan lithrodd platiau Nazca a'r Antarctig o dan blât De America.

Gogledd America

Ewrasia

Ffilipino

Juan de Fuca

Caribî

Arabia

Cocos

Affrica

De America

Nazca

Indo-Awstralia

Y Cefnfor Tawel

Scotia

Yr Antarctig

⊕ PLATIAU

Mae saith prif blât – platiau Affrica, Gogledd America, De America, Ewrasia, Indo-Awstralia, Yr Antarctig a'r Cefnfor Tawel. Yn ogystal, mae nifer o blatiau llai, gan gynnwys plât Nazca i'r gorllewin o Dde America a phlât Juan de Fuca, sydd ddim ond 200 km (120 milltir) o hyd ac wedi'i leoli ar arfordir Cefnfor Tawel Gogledd America, rhwng platiau'r Cefnfor Tawel a Gogledd America.

Ffurfiwyd pob prif blât gan blatiau llai – platiau tertiaidd

LLOSGFYNYDD A DAEARGRYN

Mae llosgfynyddoedd a daeargrynfeydd i'w cael gan amlaf lle mae pwysau enfawr ar gramen y Ddaear, er enghraifft lle bydd y platiau'n rhygnu yn erbyn ei gilydd, yn tynnu ar wahân neu lle mae un plât yn mynd o dan blât arall. Bydd daeargrynfeydd fel arfer yn digwydd ger ffawtiau, lle bydd symudiad y creigiau'n arwain at grynhoi llawer o egni. Bydd yr egni hwn yn cael ei ryddhau'n sydyn weithiau gan anfon tonnau drwy'r gramen, sy'n cyrraedd wyneb y Ddaear ar ffurf cryndod nerthol.

Ffocws

Uwchganolbwynt

◑ DAEARGRYN!

Bydd daeargryn yn dechrau o dan y ddaear, mewn man a elwir yn ffocws y daeargryn. Bydd yr egni sy'n cael ei ryddhau yn symud allan o'r ffocws mewn cyfres o donnau seismig. Mae'r rhain yn gwanhau wrth iddyn nhw fynd ymhellach oddi wrth y ffocws. Wrth iddyn nhw symud, bydd y tonnau'n plygu'r creigiau wrth iddyn nhw ryddhau eu hegni. Mae'n gyffredin i ôl-gryniadau ddilyn daeargryn, gan achosi mwy o gryndod.

◑ UWCHGANOLBWYNT

Yr enw ar y pwynt ar yr wyneb yn union uwchben y ffocws yw'r uwchganolbwynt. Dyma'r ardal lle gellir teimlo grym y daeargryn ar ei gryfaf fel arfer. Gall daeargrynfeydd mawr fod yn drychinebus. Lladdwyd dros 220,000 o bobl yn y daeargryn a ddigwyddodd yn Haiti yn 2010.

Mae'r côn yn ffurfio o ludw, marwor a lafa a wthiwyd allan yn y gorffennol

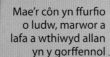

◑ GWEITHGAREDD FOLCANIG

O dan yr wyneb gall craig dawdd, o'r enw magma, ffurfio cronfeydd a elwir yn gronfeydd magma. Gan ei fod yn llai dwys na'r graig o'i gwmpas, bydd y magma'n codi ac, os oes digon o wasgedd yno, gall gyrraedd yr wyneb drwy fannau gwan yn y gramen. Mae'r echdoriadau folcanig hyn yn amrywio o lif araf ar wyneb y ddaear i echdoriadau ffrwydrol.

Cronfa magma

◑ LAFA

Lafa yw magma sydd wedi cyrraedd yr wyneb. Yn y pen draw, bydd yn oeri ac yn caledu i ffurfio craig igneaidd folcanig, megis basalt, rheolit neu andesit. Gall lafa fod yn denau neu'n drwchus a gludiog. Mae'r afon hon o lafa crasboeth sy'n llifo o Fynydd Etna yn gymharol denau; felly gall y nwyon ddianc a'r lafa lifo ymhellach. Bydd lafa tenau'n aml yn ffurfio llosgfynyddoedd tarian sydd â llethrau graddol.

◑ TSWNAMI

Gall daeargrynfeydd a gweithgaredd folcanig o dan ddŵr gynhyrchu tonnau enfawr, sef tswnami. Achosodd daeargryn Sumatra-Andaman yn 2004 sawl tswnami nerthol a ddinistriodd arfordir Indonesia, Gwlad Thai, Sri Lanka ac India. Teithiodd tonnau oedd wedi'u cynhyrchu gan y daeargryn mor bell â Struisbaai yn Ne Affrica, tua 8,500 km (5,300 milltir) o'r uwchganolbwynt.

Gall tswnami fod yn ddinistriol iawn os yw'n taro yn erbyn y tir

◑ BOM LAFA

Lympiau o lafa chwilboeth sy'n cael eu taflu allan o losgfynyddoedd yn ystod echdoriad yw bomiau lafa. O ran maint, gallant fod mor fach â phêl golff neu gymaint â 5 m (17 troedfedd) ar draws. Adeg echdoriad Mount Spurr yn Alaska, taflwyd bomiau lafa 1 m (3.5 troedfedd) o faint cyn belled â 3 km (2 filltir) o'r llosgfynydd.

ECHDORIAD ◑

Pan fydd magma'n drwchus a gludiog, bydd nwyon yn ei chael yn fwy anodd dianc, gan achosi i'r gwasgedd godi. Yn ogystal, gall agoriad y llosgfynydd ar yr wyneb fod yn llawn o hen lafa. Yn y sefyllfa hon gall echdoriadau dramatig iawn ddigwydd, gan anfon llawer iawn o lafa, creigiau a lludw ymhell i'r atmosffer.

SANTORINI ◑

Rywbryd rhwng 1600 a 1650 CC, digwyddodd echdoriad enfawr ar ynys Santorini (neu Thera) yng Ngwlad Groeg. Yn sgil yr echdoriad hwn, gwagiwyd cronfa magma'r llosgfynydd, a dymchwelodd gan ffurfio caldera, sef ceudwll enfawr. Llanwyd hwnnw gan ddŵr. Mae gweithgaredd folcanig yn dal i ddigwydd yn Santorini, a chafwyd yr echdoriad diweddaraf yno yn 1950.

Mae Anak Krakatau wedi codi o wely'r môr i uchder o 300 m (1,000 troedfedd) ers 1927

◑ MYNYDD ETNA

Mae Mynydd Etna, sydd ar y ffin rhwng platiau cramen Affrica ac Ewrasia, yn 3,300 m (11,000 troedfedd) o uchder, a dyma losgfynydd byw mwyaf Ewrop. Mae iddo hanes hir, a chafwyd pum echdoriad mawr yn yr ugeinfed ganrif yn unig.

◑ LLOSGFYNYDD MARW

Gall llosgfynyddoedd farw. Bydd hyn yn digwydd pan fydd platiau'r Ddaear yn symud fel nad yw'r llosgfynydd wedi'i leoli uwchben cronfa magma mwyach. Strato-losgfynydd enfawr yn Tanzania yw Mynydd Kilimanjaro. Mae'n cynnwys tri chopa folcanig; mae dau ohonynt (Mawenzi a Shira) yn farw, tra bo'r trydydd (Kibo) yn llosgfynydd cwsg.

◑ CWSG

Llosgfynydd cwsg yw llosgfynydd sydd wedi bod yn dawel am gyfnod maith o amser, ond a allai echdorri yn y dyfodol. Llosgfynydd tarian cwsg yw Mauna Kea, a dyma fynydd uchaf Ynysoedd Hawaii; ei uchder yw 4,205 m (14,015 troedfedd). Dechreuodd godi o wely'r Cefnfor Tawel tua miliwn o flynyddoedd yn ôl ac nid yw wedi echdorri ers tua 4,500 o flynyddoedd.

CREIGIAU A PHRIDD

Gwahanol fathau o greigiau sy'n ffurfio cramen ein planed. Mae'r deunyddiau hyn wedi'u gwneud o fwynau. Elfennau yw rhai mwynau, er enghraifft y metelau arian a chopr. Mae mwynau eraill yn gyfansoddion neu'n gymysgeddau, er enghraifft silicad, sy'n cynnwys ocsigen, silicon a sylweddau eraill.

Dosberthir creigiau yn dri grŵp – creigiau igneaidd, creigiau metamorffig a chreigiau gwaddodol. Dros amser maith mae adeiledd creigiau'n newid a gallant newid o un grŵp i grŵp arall.

⊙ CREIGIAU IGNEAIDD

Bydd creigiau igneaidd yn ffurfio pan fydd creigiau tawdd yn oeri ac yn caledu. Mae natur craig igneaidd yn dibynnu ar ba mor gyflym y bydd y graig yn oeri. Mae creigiau sy'n ffurfio'n agos at yr wyneb neu ar yr wyneb yn tueddu i oeri'n gyflym, gan roi graen mân i'r graig – er enghraifft, basalt, sef y graig fwyaf cyffredin ar wely'r môr. Bydd creigiau igneaidd sy'n ffurfio'n ddwfn o dan wyneb y ddaear yn oeri'n arafach, ac o ganlyniad maen nhw'n fwy gwydn, a'u graen yn arw – ithfaen (isod), er enghraifft.

⊙ CYLCHRED CREIGIAU

Mae llun o cylchred creigiau'n dangos sut y gall creigiau gael eu trawsffurfio o un math i fath arall. Er enghraifft, gall craig waddodol gael ei thrawsnewid yn graig fetamorffig oherwydd effaith gwres a gwasgedd mawr. Gall gwres hefyd newid craig waddodol neu fetamorffig yn graig igneaidd. Mae creigiau'n gallu cael eu treulio, gan greu gronynnau sy'n cael eu cludo a'u gollwng fel gwaddodion, cyn setlo a chaledu i lunio craig waddodol newydd.

Mae magma poeth yn cyrraedd yr wyneb a ffurfio craig igneaidd

Mae craig waddodol, dan wasgedd a gwres mawr, yn ffurfio craig fetamorffig

Mae gwres yn toddi craig waddodol gan greu magma

Mae gwaddodion ar wely'r môr yn ffurfio craig waddodol newydd

⊙ CREIGIAU GWADDOD

Ffurfir creigiau gwaddod, fel tywodfaen, gan ronynnau bychan o graig neu, yn achos calchfaen a sialc (isod), o ysgerbydau, cregyn a darnau caled eraill o gyrff creaduriaid. Cludir y deunydd hwn gan afonydd, cefnforoedd, y gwynt neu rewlifoedd a'i ddyddodi fel haen o waddod. Ymhen amser, bydd haenau eraill yn ffurfio ar ben yr haen hon, gan wasgu'r haenau isaf ynghyd i ffurfio craig solet.

MEWNWTHIAD IGNEAIDD ⊙

Pan fydd magma'n oeri ac yn caledu cyn cyrraedd yr wyneb, mae'n ffurfio mewnwthiad igneaidd. Gall mewnwthiad ffurfio deic tenau neu gul rhwng craciau mewn creigiau eraill neu domen fawr, ddofn, o'r enw batholith, o dan yr wyneb. Dros filiynau o flynyddoedd, gall creigiau uwchben fewnwthiad erydu a bydd y mewnwthiad wedyn yn dod i'r golwg.

Adeiladwyd Castell Trosky yn y Weriniaeth Tsiec ar ben mewnwthiad igneaidd

◎ ARDALOEDD METAMORFFIG

Ffurfir creigiau metamorffig dros ardaloedd eang wrth i symudiad platiau'r Ddaear achosi i greigiau blygu a gwyro, gan arwain at wres a gwasgedd. Er enghraifft, gall siâl, sy'n graig waddodol, newid i fod yn llechfaen fel rhan o ardal fetamorffig. Gall y llechfaen yn ei thro, dan wasgedd a gwres pellach, newid i fod yn graig fetamorffig wydn o'r enw gneis (dde).

◎ AR YR WYNEB

Gall afonydd gario llawer iawn o ddyddodion. Bydd afon Amazon yn cario ac yn gollwng dros 1.3 miliwn tunnell fetrig o ddyddodion i Gefnfor Iwerydd bob dydd. Bydd dyddodi a chywasgu dyddodion yn digwydd yn agos iawn i wyneb y Ddaear. Dyna pam mai craig waddodol yw tua 75% o'r graig sy'n weladwy ar wyneb ein planed. Serch hynny, dim ond tua 5% o gramen y ddaear sy'n greigiau gwaddodol.

◎ CREIGIAU METAMORFFIG

Mae marmor yn graig fetamorffig. Dechreuodd pob craig fetamorffig ei bywyd fel math arall o graig, cyn iddi gael ei thrawsffurfio dan ddylanwad gwres enfawr neu gyfuniad o wres a gwasgedd. Yr enw ar y broses sy'n digwydd pan fydd creigiau igneaidd poeth neu fagma yn mynd i ardal ac yn crasu'r creigiau o'u gwmpas yw metamorffedd thermol neu fetamorffedd trwy gyswllt. Dyma sut y gall calchfaen drawsnewid yn farmor (uchod) ac y gall tywodfaen newid yn gwartsit.

◎ PRIDD

Dyma'r haen o ddeunydd rhydd sy'n gorchuddio ardaloedd eang o dir ac sy'n hanfodol ar gyfer tyfu planhigion. Ffurfir pridd gan weddillion creigiau a falwyd yn fân gan y tywydd a'u cymysgu â hwmws, sef deunydd anifeiliaid a phlanhigion sy'n pydru. Mae pridd yn cynnwys gwlybaniaeth, aer a maetholion llawn mwynau sy'n cael eu hamsugno gan blanhigion drwy eu gwreiddiau. Mae pridd yn gallu amrywio'n fawr iawn o ran ei gyfansoddiad – o glai trwchus, gludiog i bridd tywodlyd, sych a llac.

ERYDIAD A HINDREULIAD

Mae creigiau o dan fygythiad cyson oddi wrth ddŵr, gwynt, iâ, adweithiau cemegol a newidiadau yn y tymheredd. Hindreuliad yw'r term am y ffordd y bydd y tywydd yn raddol yn malu craig sy'n agored. Gall ddigwydd oherwydd newidiadau cemegol neu pan fydd craig yn chwalu neu'n cael ei thorri'n ddarnau llai. Pan symudir y deunydd hwn o'i leoliad gwreiddiol, gelwir hynny'n erydiad. Mae dŵr, gwynt ac iâ'n achosi erydiad.

❍ HINDREULIAD BIOLEGOL

Gall pethau byw falu creigiau. Bydd gwreiddiau planhigion sy'n tyfu mewn craciau'n lledu'r agen mewn creigiau ac yn eu hollti. Mae'n bosib i rai creaduriaid, fel llygaid meheryn (limpets), grafu gronynnau o wyneb y graig neu dyllu i mewn iddi. Gall pethau byw eraill, fel cennau a bacteria, ollwng cemegion sy'n toddi'r graig.

Mae gwreiddiau'r ————
binwydden hon
yn hollti craig
ithfaen

❍ HINDREULIAD FFISEGOL

Oherwydd newidiadau mewn tymheredd gall creigiau ehangu wrth gynhesu a chyfangu wrth oeri. Y newidiadau hyn sy'n achosi'r rhan fwyaf o hindreuliad ffisegol. Bydd rhewi-dadmer yn digwydd pan fydd dŵr yn treiddio i graciau, yn rhewi ac yn ehangu, gan hollti'r creigiau. Mae hindreuliad halen yn digwydd pan fydd dŵr sy'n anweddu'n gadael halen mewn tyllau a chraciau yn y graig. Mae'r halen hwn yn ehangu wrth gynhesu, gan wthio'r creigiau ar wahân.

Achoswyd y tyllau
gan hindreuliad
halen yr heli

❍ RHEWLIFAU

Gall rhewlifau gael effaith ddramatig ar y dirwedd. Maen nhw'n cloddio, yn crafu ac yn rhwbio yn erbyn y graig wrth symud heibio iddi, gan greu nodweddion fel copaon ysgythrog a chefnennau serth mewn tir mynyddig, yn ogystal â dyffrynnoedd llydan siâp-U. Pan fydd dyffryn o'r math hwn yn ymestyn at yr arfordir ac yn cael ei foddi, fe'i gelwir yn ffiord.

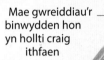

❍ CARST

Pan fydd mathau arbennig o graig, megis marmor, dolomit, gypswm a chalchfaen, yn cael eu herydu gan adweithiau cemegol a achosir gan ddŵr glaw, maen nhw'n ffurfio tirweddau carst. Bydd glaw yn cyfuno â charbon deuocsid yn yr aer i ffurfio asid carbonig gwan. Ymhen amser, gall hyn doddi'r graig, gan greu coedwigoedd enfawr o binaclau creigiog, neu dreiddio drwy holltau mewn ffurfiau calchfaen i ffurfio ogofeydd.

Dyffryn Romsdal
yn Norwy, sydd
ar siâp U

○ Y GWYNT YN ERYDU

Mae'r gwynt yn codi llawer iawn o dywod a gronynnau mân eraill sy'n gallu taro yn erbyn wyneb y graig. Gal hyn erydu a thorri cafnau mewn haenau mwy meddal o graig, a hyd yn oed wneud craig galed yn grwn a sgleiniog. Erydiad dŵr ffurfiodd fwa dramatig Pont Sipapu yn nhalaith Utah yn yr Unol Daleithiau yn wreiddiol, ond cafodd ei siapio ymhellach gan erydiad y gwynt.

Mae Pont Sipapu yn 67 m (225 troedfedd) o uchder ac 82 m (275 troedfedd) o hyd

Horseshoe Bend ar afon Colorado yn yr Unol Daleithiau yw'r bwa troellog hwn

○ DŴR SY'N LLIFO

Bydd dyfroedd afon yn erydu ac yn symud llawer iawn o ddeunydd ar ffurf dyddodion. Ar ei thaith, bydd afon yn torri i mewn i'r tir o'i chwmpas gan erydu glannau a gwely'r afon, yn gwthio dŵr i mewn i graciau ac yn malu craig rydd yn ddarnau llai. Pan fydd afon yn ymdroelli neu'n ymddolennu, bydd y dŵr yn llifo'n gyflymach ar yr ochr allan, gan erydu'r lan allanol yn fwy na'r lan fewnol.

○ ERYDU'R ARFORDIR

Mae tonnau'r môr yn erydu creigiau'r arfordir drwy daflu cerrig, tywod a gronynnau eraill at wyneb y graig. Yn ogystal, gall dŵr y môr doddi calchfaen a sialc am ei fod fymryn yn asidig. Gall creigiau ar yr arfordir fod yn feddal a chaled am yn ail, ac felly byddant yn erydu ar gyfradd wahanol. Mae'r graig feddal sy'n ffurfio'r clogwyni hyn ym Mae Chesapeake, talaith Maryland yn yr Unol Daleithiau, wedi erydu'n gyflym, gan orfodi pobl i adael eu tai, sy'n beryglus o agos at y dibyn.

Mae'r dŵr yn disgyn 82 m (275 troedfedd)

○ RHAEADRAU

Mae Rhaeadr Iguaçu yn Ne America wedi'i ffurfio o 275 rhaeadr wahanol ar hyd rhan o afon Iguaçu. Yn aml, bydd rhaeadrau'n ffurfio pan fydd rhai creigiau caletach nag eraill yn croesi gwely'r afon. Bydd dŵr yn erydu'r haenau meddalach gan greu silff serth i'r dŵr lifo drosti. Dros gyfnodau maith o amser, bydd y rhaeadr yn erydu'r graig galed hefyd, gan achosi i'r rhaeadr symud yn nes at darddiad yr afon.

FFOSILIAU A HAENAU

Mae ffurfiau creigiau'n rhoi cliwiau am y gorffennol pell i rai sy'n astudio daeareg (gwyddoniaeth creigiau) a phalaeontoleg (astudiaethau bywyd cynhanes). Gall ffosiliau fod wedi'u claddu am ddegau neu gannoedd o filiynau o flynyddoedd cyn i symudiad craig neu erydiad eu datgelu. Mae gan y Ddaear hanes sy'n ymestyn yn ôl 4,600 miliwn o flynyddoedd. Er mwyn trin y cyfnodau amser yn hanes creigiau a ffosiliau, bydd gwyddonwyr yn defnyddio'r cysyniad o amser daearegol.

❶

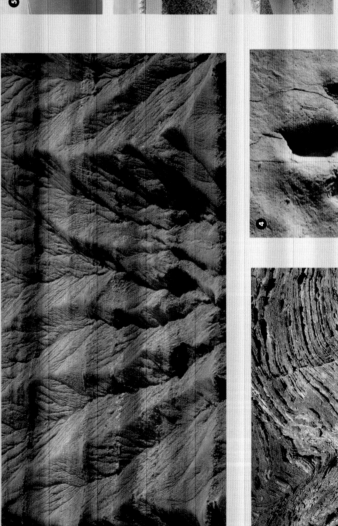

❷ AMSER DAEAREGOL

Rhennir hanes y Ddaear yn bedwar prif gyfnod o amser daearegol – y cyfnod Proterosöig, y cyfnod Paleosöig, y cyfnod Mesosöig a'r cyfnod Cainosöig. Mae'r cyfnod Cainosöig yn ymestyn o 65 miliwn o flynyddoedd yn ôl hyd heddiw. Rhennir pob prif gyfnod yn isgyfnodau, sy'n cael eu rhannu ymhellach yn epocau. Rydyn ni'n byw yn yr epoc Holosenaidd, a ddechreuodd 10,000 o flynyddoedd yn ôl.

❷ HAEN AR BEN HAEN

Mae ffurfiau'r graig hon yn Anialwch Lliw Arizona yn dangos haenau o greigiau gwaddod. Dros gyfnodau maith o amser, bydd creigiau gwaddod yn ffurfio haenau ar ben ei gilydd. Lle nad oes dim wedi tarfu ar ffurfiant y graig, bydd yr haenau hynaf ar y gwaelod. Gall daearegwyr archwilio'r haenau er mwyn creu darlun o hanes daearegol ardal.

Cyfnodau	Proterosöig Diweddar		Paleosöig							Mesosöig			Cainosöig		
Is-gyfnodau	Tonaidd	Creiogenaidd	Ediacaraidd	Cambraidd	Ordofigaidd	Silwraidd	Defonaidd	Carbonifferaidd	Permaidd	Triasig	Jwrasig	Cretasig	Paleogenaidd	Neogenaidd	Cwarternaidd

1,000 miliwn o flynyddoedd yn ôl

850 · 630 · 542 · 488 · 443 · 416 · 359 · 299 · 251 · 200 · 146 · 65 · 23 · 1.8 · 0

❷

❸

❹

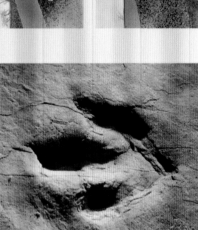
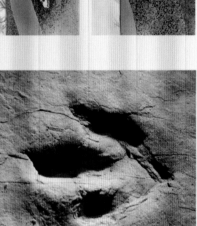

❺

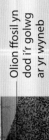

Pysgodyn yn marw

Olion wedi'u gorchuddio â dyddodion

Dyddodion yn cymryd lle darnau meddal o'r corff ac olion yr ysgerbwd yn troi'n fwynau

Olion ffosil yn dod i'r golwg ar yr wyneb

FFAWTIO A PHLYGU

Prin y bydd ffurfiant pob craig yn aros yn ddigyfnewid am filiynau o flynyddoedd. Gall symudiad yn y gramen achosi i haenau'r graig dorri a symud. Dros gyfnod hirach o amser gall gwres a gwasgedd llai eithafol effeithio ar greigiau hefyd, a phlygu haenau'r graig.

Mae'r llun uchod yn dangos plygiad anticlin – plygiad sy'n pwyntio tuag i fyny â'r creigiau hynaf ymhellaf o'r wyneb.

4 FFOSILIAU

Tystiolaeth ffisegol o fywyd cynhanesyddol blaenorol yw ffosiliau. Mae hyn yn golygu bod carthion hynafol neu ôl troed deinosor yn ffosiliau, yn ogystal ag ysgerbydau cyflawn deinosoriaid neu gragen anifail morol cynhanesyddol.

Gall ffosiliau ffurfio mewn sawl ffordd wahanol – er enghraifft, gall pryfed sydd wedi'u dal mewn resin gludiog o goed galedu i ffurfio ambr.

Ffosil gwas y neidr o'r cyfnod Mesosöig (251–65 miliwn o flynyddoedd yn ôl)

Cafwyd hyd i dros 65,000 o ffosiliau yn safle Burgess Shale

Modelau o famothiaid a ddaliwyd yn La Brea Tar Pits

5 FFOSILEIDDIO

Mae'r diagram hwn yn dangos sut y gall pysgodyn cynhanesyddol droi'n ffosil. Bydd darnau meddal o gorff pysgodyn marw yn pydru, ond bydd yr esgyrn ac unrhyw ddarnau caled eraill o'i gorff yn aros a gall mwynau dreiddio iddynt. Bydd y rhain yn caledu wrth i haen ar ben haen o ddyddodion orchuddio'r olion. Gall erydiad a symudiad yng nghramen y Ddaear ddod â'r ffosil i'r golwg.

6 CADW MEWN TAR

Cadwyd olion rhai anifeiliaid yn arbennig o dda ar ôl iddyn nhw syrthio i byllau o dar trwchus neu asffalt. Mae La Brea Tar Pits yn Los Angeles, California, yn fyd-enwog am gadw miloedd o ffosiliau sy'n dyddio'n ôl gymaint â 40,000 o flynyddoedd. Mae'r ffosiliau hyn yn cynnwys olion mamothiaid a theigrod ysgithrog.

7 DARGANFOD FFOSILIAU

Daeth sawl safle'n enwog oherwydd cyfoeth y ffosiliau a ddarganfuwyd yno. Daethpwyd o hyd i safle Burgess Shale yng Nghanada yn 1909. Yn y cyfnod Cambriaidd Canol, 520–512 miliwn o flynyddoedd yn ôl, roedd yr ardal yn rhan o gefnfor, a diogelwyd olion creaduriaid morol yno oherwydd llithriadau mwd cyson yno.

8 OLION FFOSIL

Bydd gwyddonwyr yn dehongli ffosiliau er mwyn creu darlun o fywyd cynhanesyddol, hinsawdd a daearyddiaeth ardaloedd filiynau o flynyddoedd yn ôl. Gelwir rhai rhywogaethau a esblygodd yn gyflym ac a ymledodd yn eang o gwmpas ein planed yn ffosiliau craidd. Bydd creigiau sy'n cynnwys y ffosiliau hyn yn fodd o ddyddio craig i'r adeg honno.

DŴR

Mae dŵr yn hanfodol i gynnal bywyd. Dyna yw pwysau dros 50% o bopeth byw, a phrin yw'r organebau sy'n gallu byw'n hir hebddo. Amcangyfrifir bod 1.45 biliwn km ciwbig (0.4 biliwn milltir giwbig) o ddŵr ar y blaned, ar ffurf solid, hylif a nwy. Nid yw cyfanswm y dŵr a geir ar y Ddaear byth yn newid, ond mae'n symud o le i le ac o gyflwr i gyflwr mewn proses barhaus, sef y gylchred ddŵr.

⊙ PEGYNAU IÂ

Mae llai na 3% o ddŵr y byd yn ddŵr croyw. Ceir y rhan fwyaf o hwnnw wedi'i gloi yn yr iâ solid a geir mewn rhewlifoedd ac yn y llenni iâ enfawr sy'n gorchuddio rhannau o'r Arctig a chyfandir yr Antarctig. Mae llen iâ'r Antarctig yn enfawr. Mae ei arwynebedd bron yn 14 miliwn km sgwâr (5.5 miliwn milltir sgwâr) ac mae mor ddwfn â 2,500 m (8,200 troedfedd) mewn mannau.

⊙ MOROEDD A CHEFNFOROEDD

Mae moroedd a chefnforoedd yn gorchuddio bron i dri chwarter arwyneb y blaned. Gyda'i gilydd, maen nhw'n cynnwys dros 97% o holl ddŵr y Ddaear. Heli yw dŵr y môr (dŵr hallt), ac fel arfer mae'n cynnwys 3% o halen, a 0.6% o elfennau eraill megis potasiwm, fflworid a chalsiwm. Mae pob un o gefnforoedd y byd wedi'i gysylltu â'i gilydd a bydd dŵr yn cael ei wthio o gwmpas gan geryntau'r cefnforoedd.

Anwedd dŵr yn ffurfio cymylau

Dŵr yn anweddu o foroedd a chefnforoedd

Gwlybaniaeth yn disgyn i'r ddaear

Dŵr yn trydarthu o blanhigion

Dŵr yn llifo mewn afonydd i'r môr

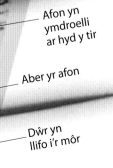

Ardal fynyddig

Afon yn ymdroelli ar hyd y tir

Aber yr afon

Dŵr yn llifo i'r môr

⊙ AFONYDD

Bydd y rhan fwyaf o afonydd yn cael eu bwydo gan afonydd a nentydd llai, a hefyd gan y glaw sy'n disgyn ac iâ sy'n toddi mewn ardaloedd mynyddig. Maen nhw'n arafu ac yn tueddu i ymledu ac ymdroelli mewn bwâu wrth iddyn nhw gyrraedd tir gwastad. Yn y diwedd, bŷddan nhw'n llifo i lynnoedd, yn gwasgaru drwy wlyptiroedd neu'n llifo i'r môr.

⊙ Y GYLCHRED DDŴR

Yr Haul sy'n gyrru'r gylchred ddŵr. Mae'n anweddu dŵr hylifol a'i droi'n anwedd dŵr yn yr atmosffer. Anfonir anwedd dŵr i'r atmosffer gan blanhigion hefyd, trwy gyfrwng trydarthu. Bydd gwyntoedd yn symud yr anwedd dŵr o gwmpas cyn iddo ddisgyn ar ffurf glaw, eira, cesair neu genllysg, neu ryw ffurf arall o ddyodiad.

⊙ FFURFIO CYMYLAU

Bydd cymylau'n ffurfio pan fydd aer cynnes sy'n cynnwys anwedd dŵr yn codi, yn oeri ac yn peri i'r anwedd gyddwyso i ffurfio miliynau o ddafnau bach o ddŵr. Wrth i'r dafnau hyn daro yn erbyn ei gilydd, maen nhw'n ffurfio dafnau mwy o faint, sy'n rhy fawr i'r aer eu cynnal yn y diwedd. Gall y dafnau hyn ddisgyn i'r Ddaear fel glaw neu, os yw hi'n ddigon oer, fel eira, eirlaw neu gesair.

⊙ DIM DIGON O DDŴR

Sychder yw cyfnod hir pan na fydd dim glaw neu lawer llai o law nag arfer. O ganlyniad, bydd anghydbwysedd yn y cyflenwad dŵr wrth i gronfeydd a ffynhonnau sychu ac i gnydau fethu tyfu. Mae sychder yn achosi i bridd galedu, cracio'n lympiau a throi'n llwch, sy'n gallu cael ei chwythu i ffwrdd. Gall colli llawer o bridd achosi trychineb mewn rhai ardaloedd, hyd yn oed pan ddaw'r glaw yn ei ôl.

⊙ GWLYPTIROEDD

Dyma'r enw a roddir ar ardaloedd o dir sy'n llawn dŵr, lle bydd dŵr llonydd neu ddŵr sy'n symud yn araf yn aros. Bydd y dŵr hwn yn ffurfio ardaloedd fel morfa, lagŵn neu gors. Mae gwlyptiroedd, megis Delta Okavango yn Botswana, yn creu cynefinoedd cyfoethog iawn. Yn ystod y llifogydd blynyddol, gall ardal yr Okavango gynyddu i orchuddio ardal hyd at 15,000 km sgwâr (6,000 milltir sgwâr).

⊙ GORMOD O DDŴR

Bydd llawer o lifogydd yn digwydd yn gyson ac yn dilyn patrwm y gellir ei rag-weld. Gall rhai, fel llifogydd afon Nîl yn yr Aifft, fod yn ddefnyddiol iawn gan fod dŵr y llifogydd yn gadael dyddodion maethlon sy'n llesol ar gyfer tyfu cnydau, ac mae llawer o'r dŵr hefyd yn cael ei gadw ar gyfer dyfrhau. Ond gall llifogydd annisgwyl fod yn drychinebus. Gallant ddinistrio trefi, cnydau a chynefinoedd anifeiliaid.

Delta Okavango – delta mwyaf y byd sydd heb fod ar arfordir

Llifogydd yn gorlifo yn nhref Fenton, Missouri yn yr Unol Daleithiau

Y TYWYDD

Mae'r aer yn yr atmosffer yn symud yn ddi-baid, yn cario cymylau, glaw ac eira o gwmpas y byd. Ceryntau o aer sy'n cylchredeg drwy'r atmosffer, wedi'u gyrru gan wres yr Haul, sy'n achosi gwahanol fathau o dywydd. Mae'r ceryntau hyn yn cario aer oer ac aer cynnes ar wasgedd gwahanol. Y tywydd yw'r gair a ddefnyddir i ddisgrifio cyflwr yr atmosffer mewn un ardal o ddydd i ddydd. Mae'r gair hinsawdd yn disgrifio tywydd cyffredinol ardal dros gyfnod hir o amser.

❶ **Eira** Gall dafnau o ddŵr rewi'n grisialau iâ mewn cymylau. Mae'r rhain yn taro yn erbyn ei gilydd ac yn glynu ynghyd i ffurfio plu eira. Bydd y rhan fwyaf yn toddi ar y ffordd i'r ddaear ac yn disgyn ar ffurf glaw. Os yw'r aer yn agos at y ddaear yn ddigon oer, bydd rhai dafnau'n disgyn ar ffurf eira. Mae hi'n bosib iddi fwrw eira'n ysgafn neu'n drwm. Cafodd Bwlch Thompson yn Alaska yn yr Unol Daleithiau 160 cm (63 modfedd) o eira mewn un diwrnod un tro.

❷ **Tywydd llaith** Mae lleithder yn mesur faint o wlybaniaeth (anwedd dŵr) sydd yn yr aer. Yn gyffredinol, po fwyaf cynnes yw'r aer, y mwyaf o wlybaniaeth mae'n gallu ei gynnal. Mae tywydd llaith yn golygu nad yw chwys yn gallu anweddu oddi ar y corff mor gyflym. Dyna pam y bydd hi'n gallu teimlo'n boethach a mwy anghyffyrddus ar ddiwrnod llaith nag ar ddiwrnod sych o'r un tymheredd.

❸ **Cesair neu genllysg** Darnau o iâ sy'n ffurfio y tu mewn i gymylau storm yw'r rhain. Bydd cesair yn ffurfio pan fydd crisialau iâ'n disgyn drwy gwmwl, gan gasglu haen o wlybaniaeth drostynt. Bydd ceryntau aer cryf yn eu sgubo'n ôl i fyny drwy'r cwmwl, lle bydd y gwlybaniaeth yn rhewi i ffurfio haen newydd o iâ. Mae maint y cesair sy'n disgyn i'r Ddaear yn dibynnu ar faint o weithiau y bydd y cylch hwn o ddisgyn a chodi drwy'r cwmwl yn digwydd. Cafwyd hyd i un darn o gesair yn Aurora, Nebraska, yn yr Unol Daleithiau, yn 2003 oedd yn mesur 18 cm (7 modfedd) ar draws) ac yn pwyso 680 g (1.5 pwys).

❹ **Niwl** Pan fydd cymylau anwedd dŵr yn ffurfio ar lefel y ddaear neu'n agos ati ac yn lleihau ein gallu i weld ymhellach nag 1 km (0.6 milltir), gelwir y cymylau hynny'n niwl. Gall fod yn beryglus i drafnidiaeth ar y ffordd, i awyrennau ac i longau. Mewn ardaloedd lle mae llawer o lygredd yn yr aer o ganlyniad i allyriadau o gerbydau a llosgi glo, gall mwg ryngweithio â niwl i ffurfio smog ffotocemegol, sy'n cynnwys sylweddau sy'n niweidio iechyd.

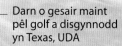
Darn o gesair maint pêl golf a disgynnodd yn Texas, UDA

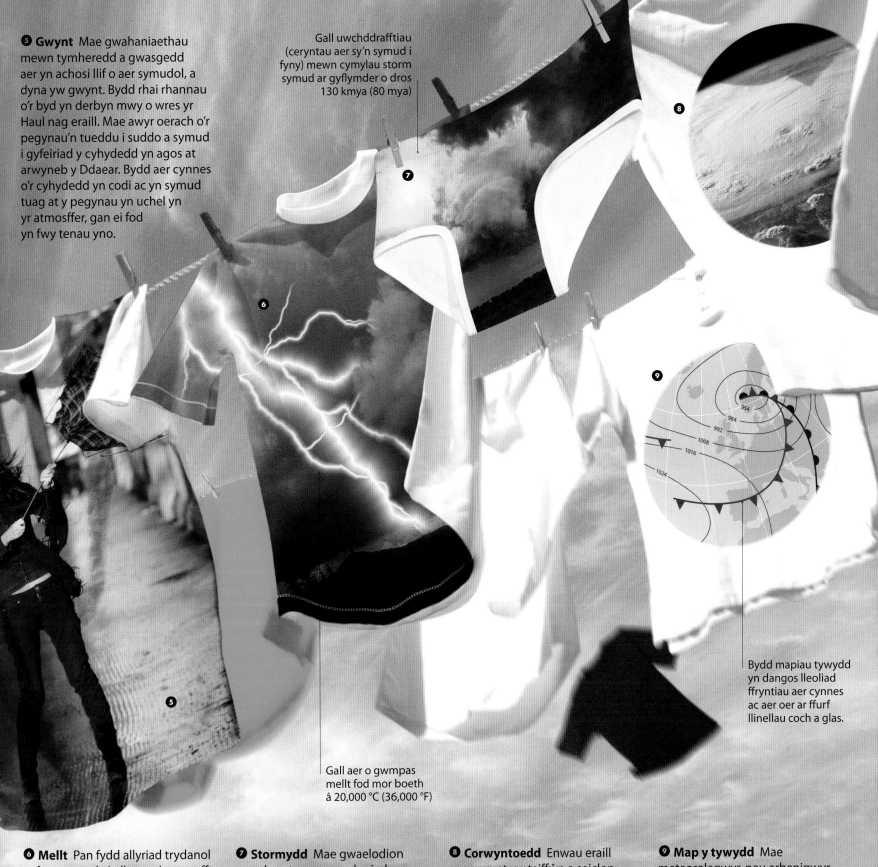

5 Gwynt Mae gwahaniaethau mewn tymheredd a gwasgedd aer yn achosi llif o aer symudol, a dyna yw gwynt. Bydd rhai rhannau o'r byd yn derbyn mwy o wres yr Haul nag eraill. Mae awyr oerach o'r pegynau'n tueddu i suddo a symud i gyfeiriad y cyhydedd yn agos at arwyneb y Ddaear. Bydd aer cynnes o'r cyhydedd yn codi ac yn symud tuag at y pegynau yn uchel yn yr atmosffer, gan ei fod yn fwy tenau yno.

Gall uwchddrafftiau (ceryntau aer sy'n symud i fyny) mewn cymylau storm symud ar gyflymder o dros 130 kmya (80 mya)

Gall aer o gwmpas mellt fod mor boeth â 20,000 °C (36,000 °F)

Bydd mapiau tywydd yn dangos lleoliad ffryntiau aer cynnes ac aer oer ar ffurf llinellau coch a glas.

6 Mellt Pan fydd allyriad trydanol enfawr yn cael ei ollwng o'r atmosffer yn ystod storm, byddwn ni'n gweld mellten. Wrth iddynt daro yn erbyn ei gilydd mewn cymylau storm, bydd crisialau iâ yn creu gwefrau positif a negatif. Yna, wrth i'r gronynnau hyn sydd wedi'u gwefru symud i gydbwyso'i gilydd, gallant achosi sbarc enfawr neu fellten. Mae taranau'n cael eu creu gan aer poeth o gwmpas mellten yn ehangu'n sydyn ac yn ffyrnig.

7 Stormydd Mae gwaelodion cymylau storm cwmwlonimbws yn agos at wyneb y ddaear, ond gallant ymestyn mor uchel â 12 km (7.5 milltir) i'r atmosffer. Cynnwrf yn yr atmosffer yw storm, ac mae'n cael ei achosi'n aml lle bydd aer cynnes yn cwrdd ag aer oer. Bydd y gwyntoedd yn cynyddu mewn cyflymder a bydd gwlybaniaeth yn disgyn ar ffurf glaw, eira neu gesair. Achosodd storm dros ddinas Mumbai, India, yn 2005 i 944 mm (37 modfedd) o law ddisgyn mewn un diwrnod.

8 Corwyntoedd Enwau eraill ar gorwynt yw teiffŵn a seiclon, a byddan nhw'n datblygu dros gefnforoedd trofannol. Stormydd enfawr ydyn nhw a gallant fod dros 600 km (400 milltir) mewn diamedr; bydd gwyntoedd yn cylchdroi o gwmpas canol cymharol lonydd ar gyflymder hyd at 300 km (200 milltir) yr awr. Gall corwyntoedd greu dinistr enbyd. Bu dros 130 o bobl farw pan drawyd Canolbarth America gan Gorwynt Felix yn 2007.

9 Map y tywydd Mae meteorolegwyr, neu arbenigwyr tywydd, yn mapio patrymau'r tywydd sy'n bodoli er mwyn ceisio rhag-weld y tywydd. Bydd balŵnau tywydd, gorsafoedd tywydd o gwmpas y byd a lloerennau'n anfon data i gyfrifiaduron nerthol er mwyn cadw golwg ar yr atmosffer – pa mor gryf yw'r gwynt ac a oes stormydd ar y gorwel. Ond weithiau gall rhagolygon fod yn anghywir wrth i'r tywydd newid yn sydyn.

59

ADNODDAU NATURIOL

Mae'r Ddaear yn darparu ystod eang o adnoddau ar gyfer dynolryw. Gall afon, er enghraifft, ddarparu dŵr ar gyfer y fed a golchi yn ogystal â bod yn ffynhonnell gyfoethog bosib o fwyd, a hefyd yn system drafnidiaeth ar gyfer cychod a llongau. Yn yr un modd, bydd coedwigoedd yn cynnig cysgod, bwyd, tanwydd, moddion a deunyddiau crai gwerthfawr ar gyfer diwydiannau fel y diwydiant adeiladu a'r diwydiant gwneud papur. Ond rhaid defnyddio'r adnoddau hyn yn ofalus. Gall gorddefnyddio ambell adnodd leihau'r cyflenwad sydd ar gael, ac mae defnydd diofal o ddulliau a chemegion yn gallu niweidio'r amgylchedd neu hyd yn oed ddinistrio adnodd yn llwyr.

❶ Ffermio Tua 10,000 mlynedd yn ôl, dysgodd pobl sut i feithrin planhigion gwyllt a magu anifeiliaid i gyflenwi bwyd. Heddiw mae ffermio'n ddiwydiant enfawr. Yn 2009, cynhyrchwyd 682 miliwn tunnell fetrig o wenith ledled y byd. Ond mae angen llawer iawn o dir i ffermio a rhaid clirio coedwigoedd, glaswelltir a llawer o amgylcheddau naturiol eraill o ganlyniad.

❺ Chwareli a mwynau Gellir cloddio'n ddwfn islaw wyneb y ddaear neu mewn pwll agored ar yr wyneb. Caiff pyllau a chwareli eu cloddio i gael glo, gemau, metelau a mwynau, megis potash a ffelsbar. Ceir llawer o fetelau mwyaf defnyddiol y blaned, gan gynnwys haearn, alwminiwm a chopr, yng nghramen y Ddaear mewn mwynau creigiog. Rhaid prosesu'r rhain er mwyn tynnu'r metel o'r mwynau.

❷ Cyfoeth o'r môr Mae pysgota masnachol yn cyflogi dros 35 miliwn o bobl ledled y byd. Mae'r hyn y byddant yn ei ddal, o folwsgiaid bach i bysgod tiwna sy dros 200 kg (440 pwys), yn fwydydd llawn protein a maeth. Ond mae gorbysgota mewn ambell ardal wedi arwain at ddirywiad mawr yn nifer y pysgod sydd ar ôl. Felly, mae sawl llywodraeth wedi cyflwyno cyfyngiadau ar nifer y pysgod y gellir eu dal.

❻ Tanwyddau ffosil Mae nwy naturiol, glo ac olew yn danwyddau ffosil. Olion organebau a fu unwaith yn fyw ydynt, ond sydd bellach wedi newid i fod yn ffynonellau egni. Mae pwerdai sy'n llosgi'r rhain yn cynhyrchu 60% o'n trydan. Ond fydd tanwydd ffosil ddim yn para am byth a bydd raid darganfod ffynonellau newydd, er enghraifft cloddio'n ddwfn dan y cefnfor neu islaw pegynau iâ'r gogledd a'r de pell.

❸ Coedwigaeth Torrir miliynau o dunelli o goed bob blwyddyn i'w defnyddio yn y diwydiant coed. Mae coedwigoedd hefyd yn gyfoethog mewn adnoddau eraill, gan gynnwys planhigion meddyginiaethol a bwyd. Tynnir nifer o sylweddau o goed i'w defnyddio mewn gwahanol ddiwydiannau – cellwlos yn y diwydiant tecstilau ac i wneud paent, a chemegion eraill fel persawr ac i roi blas ar fwydydd.

❼ Pŵer trydan dŵr Dyma fath o egni adnewyddadwy sydd wedi'i ddefnyddio i yrru melinau dŵr ac olwynion dŵr ers canrifoedd. Heddiw, fe'i defnyddir i droi tyrbinau i gynhyrchu trydan. Cynhyrchir tua un rhan o bob pump o drydan y byd fel hyn. Mae argaeau trydan dŵr fel Argae Hoover yn creu llynnoedd enfawr. Gall y llynnoedd hyn foddi trefi cyfan neu ardaloedd sy'n bwysig i'r amgylchedd.

❹ Deunydd crai creigiog Defnyddir llawer o greigiau a mwynau mewn amrywiol ddiwydiannau, o golur (clai) i baratoi bwyd (halen y graig). Ceir gwaith cloddio mewn chwareli calchfaen ac ithfaen ar gyfer cerrig adeiladu neu, yn achos calchfaen, er mwyn ei falu i wneud sment. Defnyddir tywod i wneud gwydr, ymysg pethau eraill, ac mae clai a siâl yn cael eu troi'n friciau a nwyddau ceramig.

❽ Haul, gwynt a môr Mae egni adnewyddadwy hefyd yn cynnwys egni'r gwynt, yr haul a grym y llanw a'r tonnau. Mae tyrbinau gwynt, er enghraifft, yn cynhyrchu symudiadau troi er mwyn rhedeg tyrbinau sy'n cynhyrchu trydan. Daw tua 2% o drydan y byd o wynt, ond mewn ambell wlad, mae'r ganran yn llawer uwch – 20% yn Nenmarc a 14% yn Sbaen.

EFFAITH DYN

Amcangyfrifwyd yn 1900 fod 1.6 biliwn o bobl yn byw yn y byd. Ymhen 100 mlynedd, roedd y nifer wedi cynyddu dros bedair gwaith, gan gyrraedd dros 6.9 biliwn yn 2010. Mae'r cynnydd eithriadol hwn yn y nifer o bobl wedi rhoi pwysau cynyddol ar y blaned wrth i boblogaeth ddynol sy'n cynyddu mor gyflym fynnu bwyd, dillad, tir, cysgod, trydan ac adnoddau eraill. Mae camreoli adnoddau a chynhyrchu llawer iawn o lygredd tir, dŵr ac aer yn bygwth yr amgylchedd a bywyd gwyllt.

◑ LLYGREDD AER

Bob dydd caiff miliynau o dunelli o ddeunydd sy'n llygru ei bwmpio i'r aer, gan gynnwys carbon monocsid, carbon deuocsid, sylffwr deuocsid a gronynnau bach eraill. Y prif droseddwyr yw ceir a cherbydau tebyg, allyriadau diwydiannol a gorsafoedd pŵer sy'n llosgi tanwydd ffosil megis glo ac olew.

Coeden a niweidiwyd gan law asid yn nhalaith Gogledd Carolina, UDA

◑ GLAW ASID

Gall sylffwr deuocsid, ocsidau nitrogen a llygryddion eraill o ffatrïoedd, pwerdai sy'n llosgi glo ac allyriadau o gerbydau gyrraedd yr atmosffer a chymysgu ag anwedd dŵr. Ar ôl iddynt gael eu chwythu am gryn bellter gan y gwynt, bydd y llygryddion hyn yn disgyn yn ôl i'r Ddaear ar ffurf glaw asid. Gall hwn ladd coed, toddi a golchi maetholion a mwynau o'r pridd, dinistrio bywyd mewn llynnoedd ac afonydd ac erydu cerrig.

Dŵr llygredig yn llifo i wlyptir gan ddinistrio cynefinoedd a bywyd gwyllt

LLYGREDD DŴR ◑

Dŵr yw un o anghenion mwyaf sylfaenol bywyd ac mae digonedd ohono lledled y blaned. Ond mae dros 800 miliwn o bobl yn byw heb gyflenwad o ddŵr glân ac yn gorfod yfed dŵr sydd ddim yn ddiogel ac sy'n cynnwys clefydau marwol. Mae carthion pobl ac anifeiliaid sy'n cael eu gollwng i nentydd ac afonydd heb gael eu trin yn difetha cyflenwadau o ddŵr glân. Mae rhagor o lygredd yn digwydd i foroedd, cefnforoedd, llynnoedd ac afonydd oherwydd diwydiant, gollwng cemegion ac olew, ac effaith glaw yn golchi plaleiddiaid a gwrtaith oddi ar dir ffermio i mewn i afonydd a nentydd.

◯ TAFLU GWASTRAFF

Cynhyrchir tomenni enfawr o wastraff bob dydd. Yn 2008, cynhyrchodd yr Unol Daleithiau yn unig dros 250 miliwn o duneli o sbwriel. Llosgir llawer o'r gwastraff hwn mewn llosgyddion, gan greu rhagor o lygredd aer, neu caiff ei gladdu mewn safleoedd tirlenwi, neu bydd yn cael ei adael i bydru mewn tomenni agored. Gall dŵr o safleoedd tirlenwi gynnwys gwenwyn sy'n llygru ffynonellau dŵr uwchlaw'r ddaear ac oddi tani.

Pentwr o foncyffion ar ôl clirio darn o goedwig

◯ DATGOEDWIGO

Diflannodd o leiaf un rhan o dair o goedwigoedd glaw y byd yn ystod y ganrif ddiwethaf. Torrwyd y coed i gael pren neu danwydd, neu cafodd y tir ei glirio ar gyfer ffermio neu i adeiladu tai. Mae'r datgoedwigo hwn wedi dinistrio cynefinoedd arbennig o werthfawr, gan fygwth difodiant llawer o rywogaethau o blanhigion ac anifeiliaid, a lleihau gallu'r blaned i amsugno carbon deuocsid drwy ddail coed.

◯ DIFFEITHIO

Mae datgoedwigo, erydiad tir, gorbori a newid yn yr hinsawdd i gyd yn ffactorau sy'n arwain at weld mwy a mwy o dir yn troi'n fasnau llwch sy'n anaddas ar gyfer tyfu cnydau. Mae diffeithio'n broblem fawr yn Affrica, Canolbarth America ac America Ladin, Canol Asia a China. Bob blwyddyn, bydd tua 12 miliwn hectar (30 miliwn erw) o dir, ardal sy'n fwy na gwlad Portiwgal, yn troi'n rhy anial i dyfu cnydau.

◯ NEWID YN YR HINSAWDD

Bu'r nwyon carbon deuocsid, methan a nwyon 'tŷ gwydr' eraill yn rhan o atmosffer y Ddaear erioed. Maen nhw'n dal gwres ac yn cynhesu arwyneb y blaned. Ond dros y blynyddoedd diweddar, credir bod cynnydd wedi digwydd yn y nwyon tŷ gwydr sydd yn yr atmosffer, oherwydd gweithgaredd dynol, a bod hyn yn arwain at gynnydd cyffredinol yn nhymheredd y byd. Gall newid yn yr hinsawdd olygu y bydd lefel y môr yn codi, y pegynau iâ yn toddi, patrymau'r tywydd yn newid a llawer o rywogaethau'n diflannu.

Cannu cwrel, wedi'i achosi gan gynnydd yn nhymheredd dŵr y môr

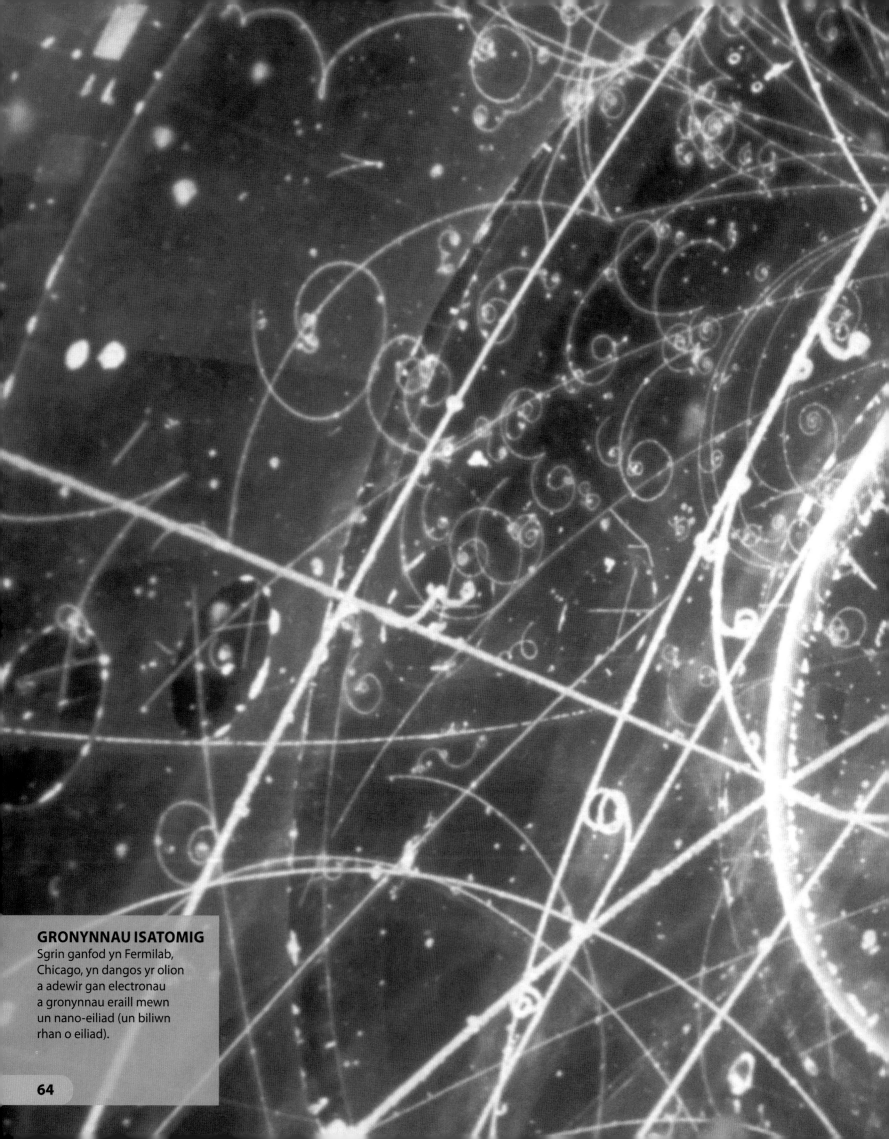

GRONYNNAU ISATOMIG
Sgrin ganfod yn Fermilab, Chicago, yn dangos yr olion a adewir gan electronau a gronynnau eraill mewn un nano-eiliad (un biliwn rhan o eiliad).

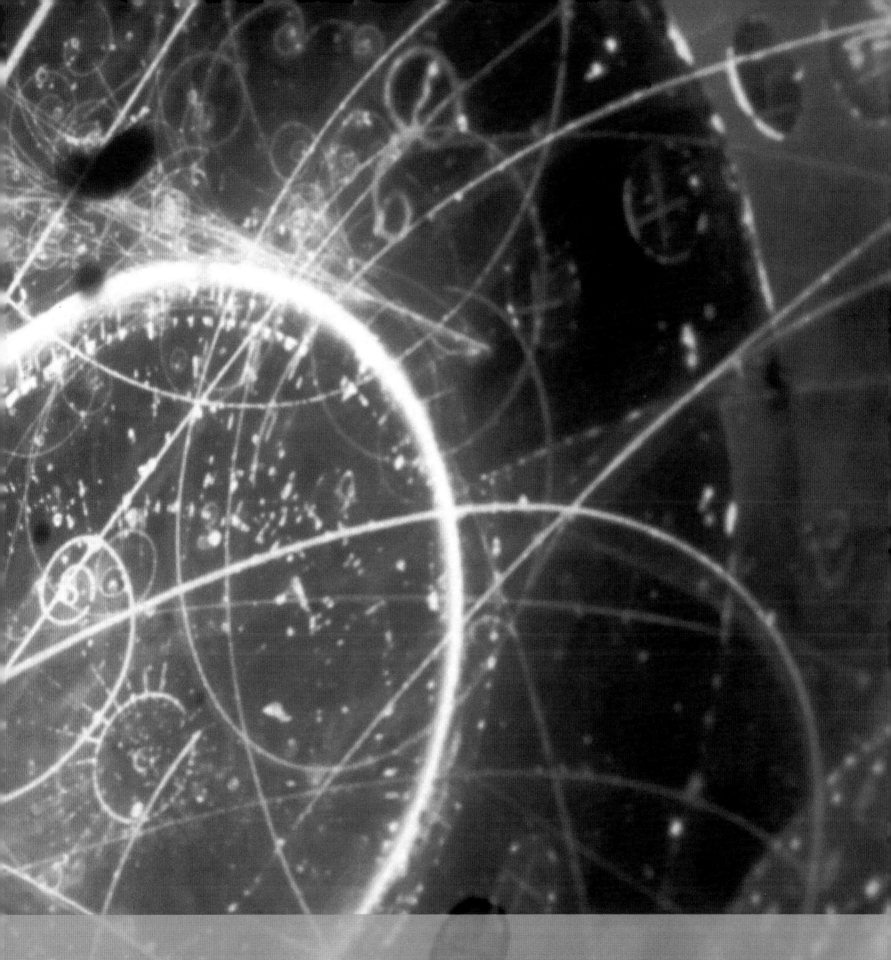

Mater a deunyddiau

BLOCIAU ADEILADU

Mae pob mater – ein cyrff, yr aer a anadlwn, papur, inc a chlawr y llyfr hwn – wedi'i wneud o atomau. Atom – o air Hen Roeg sy'n golygu 'rhywbeth na ellir ei rannu' – yw'r swm lleiaf o sylwedd sy'n gallu bodoli ac sydd â nodweddion y sylwedd hwnnw. Yr enw a roddir ar bob math gwahanol o atom yw elfen, ac mae dros 100 ohonynt ar gael. Mae radiws atom arferol yn mesur degfed rhan mewn biliwn o fetr, dyna i gyd!

◐ ADEILEDD ATOMIG

Gofod gwag yw atom yn bennaf. Yn ei ganol mae niwclews sy'n cynnwys gronynnau â gwefr drydanol bositif, sef protonau, a niwtronau sy'n niwtral yn drydanol. Yn cylchdroi o gwmpas y niwclews mae electronau, gronynnau sydd â gwefr drydanol negatif. Mae'r dynfa rhwng gwefrau'r electronau a'r protonau'n peri i'r electronau gylchdroi'r niwclews mewn haenau gwahanol, neu blisgyn. Mewn atom nitrogen (ar y chwith) mae niwclews sy'n cynnwys saith proton a saith niwtron. Mae saith electron yn cylchdroi'r niwclews o fewn dau blisgyn.

Electronau'n cylchdroi mewn plisgyn allanol

ISOTOPAU ◑

Mewn rhai achosion, gall atomau'r un elfen gynnwys nifer gwahanol o niwtronau yn eu niwclews. Mae pob fersiwn gwahanol o elfen yn cael ei alw'n isotop. Yn ei ffurf fwyaf cyffredin, hydrogen yw'r unig elfen nad oes ganddi niwtronau yn ei niwclews. Ond mae dau isotop o hydrogen yn bodoli – dewteriwm, sydd ag un niwtron, a thritiwm, sydd â dau. Mae gan y ffurf fwyaf cyffredin o garbon chwe niwtron, ond mae gan isotop carbon 14 wyth niwtron.

Mae gan Carbon 14 nifer hafal o brotonau ac electronau (chwech yr un), ond wyth niwtron

MOLECIWLAU – OCSIGEN ◑

Prin y ceir atomau ar eu pennau eu hunain. Maen nhw'n tueddu i gyfuno ag atomau eraill, naill ai o'r un math neu ag elfennau eraill i ffurfio moleciwl. Mae gan foleciwl fondiau cemegol rhwng ei atomau a gellir dangos hyn ar ffurf fformiwla gemegol – cyfuniad o lythrennau a rhifau sy'n dangos pa fath o atomau a faint ohonynt sydd yn y moleciwl. Symbol cemegol ocsigen yw O, ond mae moleciwlau ocsigen yn ddeuatomig – maen nhw'n cynnwys dau atom. Felly, fformiwla gemegol moleciwl ocsigen yw O_2.

Atom ocsigen wedi'i fondio'n gemegol at un arall i ffurfio moleciwl ocsigen

MOLECIWLAU – SYLFFWR ◑

Bydd wyth atom sylffwr yn bondio mewn cylch i ffurfio moleciwl o'r sylwedd melyn hwn. Mae sylffwr yn adweithio â llawer o elfennau eraill i ffurfio amrywiaeth eang o gyfansoddion (cyfuniad o ddwy neu ragor o elfennau). Mae'n adweithio â phob metel ac eithrio aur a phlatinwm. Mae tua 30 isotop gwahanol o sylffwr, ond dim ond ychydig ohonynt sy'n sefydlog a ddim yn adweithio'n hawdd â sylweddau eraill. Defnyddir sylffwr wrth wneud llawer o sylweddau, gan gynnwys gwrtaith, powdr gwn a llawer o gyffuriau meddygol.

Moleciwl sylffwr (S_8) wedi'i wneud o wyth atom sylffwr

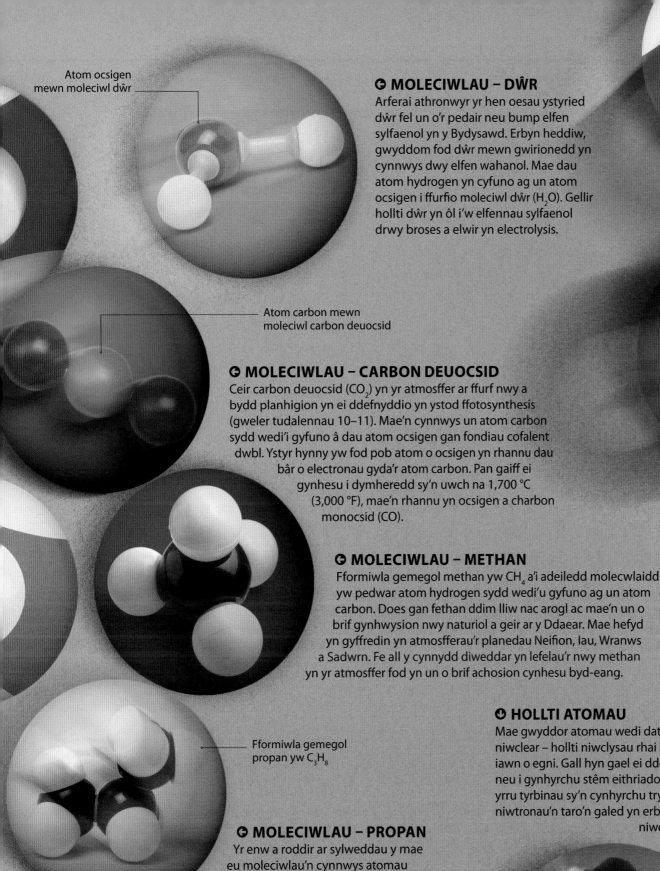

Atom ocsigen
mewn moleciwl dŵr

Atom carbon mewn
moleciwl carbon deuocsid

Fformiwla gemegol
propan yw C_3H_8

Cwmwl enfawr
siâp madarch yn yr
atmosffer yn dilyn
ffrwydrad bom atomig

↻ MOLECIWLAU – DŴR

Arferai athronwyr yr hen oesau ystyried
dŵr fel un o'r pedair neu bump elfen
sylfaenol yn y Bydysawd. Erbyn heddiw,
gwyddom fod dŵr mewn gwirionedd yn
cynnwys dwy elfen wahanol. Mae dau
atom hydrogen yn cyfuno ag un atom
ocsigen i ffurfio moleciwl dŵr (H_2O). Gellir
hollti dŵr yn ôl i'w elfennau sylfaenol
drwy broses a elwir yn electrolysis.

↻ MOLECIWLAU – CARBON DEUOCSID

Ceir carbon deuocsid (CO_2) yn yr atmosffer ar ffurf nwy a
bydd planhigion yn ei ddefnyddio yn ystod ffotosynthesis
(gweler tudalennau 10–11). Mae'n cynnwys un atom carbon
sydd wedi'i gyfuno â dau atom ocsigen gan fondiau cofalent
dwbl. Ystyr hynny yw fod pob atom o ocsigen yn rhannu dau
bâr o electronau gyda'r atom carbon. Pan gaiff ei
gynhesu i dymheredd sy'n uwch na 1,700 °C
(3,000 °F), mae'n rhannu yn ocsigen a charbon
monocsid (CO).

↻ MOLECIWLAU – METHAN

Fformiwla gemegol methan yw CH_4 a'i adeiledd molecwlaidd
yw pedwar atom hydrogen sydd wedi'u gyfuno ag un atom
carbon. Does gan fethan ddim lliw nac arogl ac mae'n un o
brif gynhwysion nwy naturiol a geir ar y Ddaear. Mae hefyd
yn gyffredin yn atmosfferau'r planedau Neifion, Iau, Wranws
a Sadwrn. Fe all y cynnydd diweddar yn lefelau'r nwy methan
yn yr atmosffer fod yn un o brif achosion cynhesu byd-eang.

↻ HOLLTI ATOMAU

Mae gwyddor atomau wedi datblygu technegau ar gyfer ymholltiad
niwclear – hollti niwclysau rhai atomau er mwyn cynhyrchu llawer
iawn o egni. Gall hyn gael ei ddefnyddio i wneud bomiau dinistriol
neu i gynhyrchu stêm eithriadol o boeth mewn pwerdai niwclear i
yrru tyrbinau sy'n cynhyrchu trydan. Mewn pwerdy niwclear, bydd
niwtronau'n taro'n galed yn erbyn atomau wraniwm-235, gan hollti
niwclysau a rhyddhau mwy o niwtronau.
Bydd y rhain yn dechrau adwaith
cadwynol drwy hollti mwy
o niwclysau a rhyddhau
mwy fyth o niwtronau.

↻ MOLECIWLAU – PROPAN

Yr enw a roddir ar sylweddau y mae
eu moleciwlau'n cynnwys atomau
hydrogen a charbon yn unig yw
hydrocarbonau. Mae methan a phropan
yn hydrocarbonau. Nwy di-liw y gellir ei droi'n
hylif yn hawdd, er mwyn eu storio a'i symud, yw
propan. Caiff llawer ohono'i dynnu o nwy naturiol,
olew crai a nwyon purfeydd olew. Mae'n cael ei
ddefnyddio fel tanwydd a hefyd fel deunydd
crai pwysig yn y diwydiant cemegion.

Y TABL CYFNODOL

Mae elfennau'n cynnwys un math o atom. Maen nhw'n sylweddau pur ac ni ellir eu rhannu'n sylweddau symlach. Er enghraifft, mae dŵr yn cynnwys atomau hydrogen (H) ac ocsigen (O), felly nid elfen ydyw, ond mae hydrogen yn elfen. Mae gan bob elfen rif atomig, sef nifer y protonau sydd yn niwclews yr atom. Mae 90 o'r 92 elfen gyntaf i'w cael yn naturiol. Hydrogen yw'r elfen ysgafnaf a'r un fwyaf cyffredin yn y Bydysawd; ei rif atomig yw 1.

Nicel (Ni)

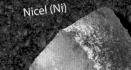

Lithiwm (Li)

Sodiwm (Na)

Potasiwm (K)

Calsiwm (Ca)

Bariwm (Ba)

Magnesiwm (Mg)

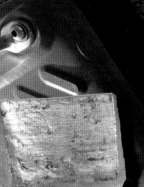

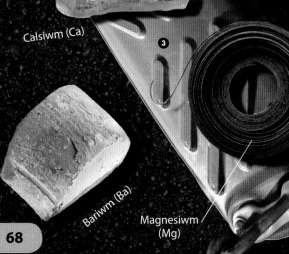

❶ Y TABL CYFNODOL

Rhestr o'r holl elfennau yw'r tabl cyfnodol; mae'r tabl hwn yn seiliedig ar waith Dmitri Mendeleev (1834–1907), gwyddonydd o Rwsia. Trefnwyd yr elfennau mewn colofnau (grwpiau), a rhesi (cyfnodau). Mae gan bob elfen sydd i'r dde o'r un wrth ei hochr yn yr un cyfnod (rhes) electron ychwanegol yn ei hatomau. Mae'r elfennau yn yr un grŵp fel arfer yn rhannu nodweddion cemegol tebyg i'w gilydd.

❷ METELAU ALCALÏAIDD

Mae'r grŵp cyntaf yn y tabl cyfnodol yn cynnwys lithiwm, potasiwm, a'r metel alcalïaidd mwyaf cyffredin, sodiwm. Maen nhw'n cael eu galw'n feteleau alcalïaidd am eu bod nhw'n adweithio â dŵr, gan greu hydoddiant alcalïaidd o ganlyniad. Yn achos cesiwm (Cs) a rwbidiwm (Rb), maen nhw'n adweithio â dŵr drwy ffrwydro. Mae metelau alcalïaidd yn feddal, yn wyn eu lliw ac yn brin iawn yn eu ffurf bur ym myd natur.

Haearn (Fe)

1														
1 H														
3 Li	4 Be													
11 Na	12 Mg													
19 K	20 Ca	21 Sc	22 Ti	23 V	24 Cr	25 Mn	26 Fe	27 Co						
37 Rb	38 Sr	39 Y	40 Zr	41 Nb	42 Mo	43 Tc	44 Ru	45 Rh						
55 Cs	56 Ba	72 Hf	73 Ta	74 W	75 Re	76 Os	77 Ir							
87 Fr	88 Ra	104 Rf	105 Db	106 Sg	107 Bh	108 Hs	109 Mt							

57 La	58 Ce	59 Pr	60 Nd	61 Pm	62 Sm	63 Eu
89 Ac	90 Th	91 Pa	92 U	93 Np	94 Pu	

❸ METELAU MWYNOL ALCALÏAIDD

Mae calsiwm, magnesiwm, bariwm a radiwm (Ra) oll yn fetelau mwynol alcalïaidd, h.y. maen nhw i'w cael mewn cyfansoddion mwynol alcalïaidd, h.y. maen nhw i'w cael mewn cyfansoddion yng nghramen y Ddaear. Ceir Beryliwm (Be), er enghraifft, mewn gemau megis beryl ac emrallt. Bydd metelau mwynol alcalïaidd yn adweithio â dŵr, er yn llai ffyrnig na metelau alcalïaidd, a hefyd ag ocsigen. Bydd magnesiwm yn llosgi'n wynias mewn aer a chaiff ei ddefnyddio ar gyfer tân gwyllt a rocedi goleuo.

Heliwm (He)

Argon (Ar)

Neon (Ne)

❹ METELAU TROSIANNOL

Mae'r grŵp mawr hwn o elfennau'n cynnwys rhai o'r metelau mwyaf cyffredin, megis copr a chromiwm. Maen nhw'n cynnwys elfennau sy'n gallu creu maes magnetig, megis nicel a haearn, a'r elfen fwyaf dwys a geir yn naturiol, sef osmiwm (Os). Er bod mercwri (Hg) yn hylifol ar dymheredd ystafell, mae ymdoddbwynt metelau trosiannol fel arfer yn uchel. Maen nhw hefyd yn tueddu i fod yn galed a gall yr electronau allanol ynddynt lifo, sy'n eu gwneud yn ddargludyddion da ar gyfer gwres a thrydan.

Copr (Cu)

Cromiwm (Cr)

❻ NWYON NOBL

Does gan y nwyon hyn ddim lliw nac arogl, ac ar y cyfan fyddan nhw ddim yn adweithio, ond nid yw hynny'n golygu nad oes ganddyn nhw eu defnydd chwaith. Heliwm yw'r ail nwy ysgafnaf, ar ôl hydrogen, ond nid yw'n llosgi, gan ei wneud yn ddiogel i'w ddefnyddio gan blymwyr cefnforoedd ac mewn llongau awyr. Ac eithrio heliwm, bydd pob un o'r nwyon nobl yn rhoi golau os bydd trydan yn cael ei basio drwyddynt felly cânt eu defnyddio ar gyfer goleuo.

❼ ANFETELAU

Mae anfetelau'n cynnwys nwyon sy'n gyffredin yn yr atmosffer, megis nitrogen ac ocsigen, yn ogystal â sylffwr (S) a charbon. Nid yw anfetelau'n dda am ddargludo gwres a thrydan ac maen nhw'n frau pan fyddan nhw'n solid. Mae halogenau, megis clorin (Cl) yn fath o anfetel sy'n ffurfio halennau gydag elfennau eraill.

			5 B	6 C	7 N	8 O	9 F	2 He
			13 Al	14 Si	15 P	16 S	17 Cl	10 Ne
28 Ni	29 Cu	30 Zn	31 Ga	32 Ge	33 As	34 Se	35 Br	18 Ar
46 Pd	47 Ag	48 Cd	49 In	50 Sn	51 Sb	52 Te	53 I	36 Kr
78 Pt	79 Au	80 Hg	81 Tl	82 Pb	83 Bi	84 Po	85 At	54 Xe
								86 Rn

Ocsigen (O)

64 Gd	65 Tb	66 Dy	67 Ho	68 Er	69 Tm	70 Yb	71 Lu
96 Cm	97 Bk	98 Cf	99 Es	100 Fm	101 Md	102 No	103 Lr

Carbon (C)

Nitrogen (N)

❺ LLED-FETELAU A METELAU GWAEL

Mae plwm, tun, alwminiwm a bismwth (Bi) i gyd yn fetelau gwael. Mae'r rhain yn fwy meddal ac mae ymdoddbwynt y metelau hyn yn is na metelau trosiannol. Bydd y rhan fwyaf o fetelau gwael ar eu mwyaf defnyddiol pan gânt eu cymysgu â metel arall mewn aloi megis efydd (aloi o gopr a thun). Mae gan lled-fetelau megis arsenig (As), antimoni (Sb), boron (B) a silicon (Si) rai o nodweddion metelau, ond nid eu holl nodweddion.

Alwminiwm (Al)

Plwm (Pb)

Tun (Sn)

CYFLYRAU MATER

Mae mater yn bodoli mewn gwahanol gyflyrau – solid, hylif, dŵr a phlasma. Gall sylwedd neu elfen newid ei gyflwr ffisegol ond yr un fydd ei gynnwys cemegol. Er enghraifft, mae ocsigen yn nwy ar dymheredd arferol ystafell, ond mae modd ei oeri i ffurfio hylif er y bydd yn dal i fod yn ocsigen. Mae dŵr yn anarferol am ei fod i'w gael ar y Ddaear mewn tri chyflwr – iâ solet, dŵr hylifol, ac anwedd dŵr sy'n nwy. Fel arfer bydd solidau'n newid yn hylifau, ond gall carbon deuocsid wedi'i rewi, sef iâ sych, newid ei gyflwr yn syth i fod yn nwy. Enw'r broses hon yw sychdarthiad.

❶ ANWEDDU

Anweddu yw'r broses o newid cyflwr hylif yn nwy. Cyddwyso yw'r enw ar newid y ffordd arall, o gyflwr nwy i hylif. Bydd anweddu'n digwydd pan fydd rhai moleciwlau mewn hylif wedi cael digon o egni i ddianc oddi ar arwyneb yr hylif ar ffurf nwy. Bydd dŵr hylifol ar y pafin neu ar ddillad gwlyb yn anweddu i'r atmosffer ar ffurf anwedd dŵr. Mae hylifau'n anweddu'n gynt wrth iddyn nhw gynhesu, megis pan fydd dŵr yn berwi mewn tegell.

❷ HYLIFAU

Mae moleciwlau mewn hylif yn bodoli'n agos at ei gilydd, ond gallant lithro dros ei gilydd i newid eu lle. Mae gan hylifau gyfaint pendant ond does ganddyn nhw ddim siâp pendant. Gallant gael eu gwthio drwy bibell ond allan nhw ddim cael eu gwasgu i lenwi llai o ofod. Gall hylifau lifo a chymryd siâp beth bynnag sy'n eu dal. Gludedd hylif yw pa mor hawdd y gall lifo. Ni fydd hylifau â gludedd uchel, megis triog a siampŵ, yn llifo'n hawdd.

Mae dŵr, wrth ferwi mewn tegell, yn newid cyflwr ac yn codi ar ffurf stêm

Mae gludedd isel sudd oren yn ei alluogi i lifo'n hawdd

❸ SOLIDAU

Mewn solid bydd yr atomau a'r moleciwlau'n agos iawn at ei gilydd, weithiau mewn patrwm rheolaidd. Gall gronynnau ddal i symud mewn solid ond dirgryniad bach yw eu symudiad. O ganlyniad, bydd gan solidau siâp pendant, yn amrywio o ddarn hir, tenau o weiren gopr i soser gron neu ddarn sgwâr o dost. Mae gan solidau gyfaint pendant hefyd ac maen nhw'n llenwi gofod penodol.

❹ NWYON

Mae moleciwlau nwy yn bell oddi wrth ei gilydd a gallant symud yn rhwydd ac yn gyflym. O ganlyniad, gall nwyon ehangu i lenwi rhywbeth sy'n eu dal ac mae ganddyn nhw ddwysedd isel. Nid oes gan nwyon siâp na chyfaint penodol, felly gellir eu cywasgu, gan leihau'r gofod rhwng eu gronynnau. Mae'r rhan fwyaf o nwyon yn anweledig. Dim ond pan fydd stêm sy'n codi oddi ar baned boeth o goffi'n dechrau cyddwyso a throi'n ddafnau bach o ddŵr y gellir ei weld.

❺ YMDODDI

Bydd mater yn ymdoddi pan fydd yn newid ei gyflwr o solid i hylif. Gall cynnydd mewn tymheredd achosi i ronynnau mewn solid ddirgrynu'n gyflymach. Yn y pen draw, gallant lithro dros ei gilydd a ffurfio hylif. Yr enw ar y tymheredd pan fydd hyn yn digwydd yw'r ymddoddbwynt. Mae ymddoddbwynt y metel twngsten yn eithriadol o uchel – tua 3,420 °C (6,190 °F).

❻ RHEWI

Bydd rhewi'n digwydd pan fydd sylweddau'n newid o fod yn hylifau i fod yn solidau, megis iâ solet yn ffurfio o ddŵr hylifol neu gŵyr hylifol yn llifo i lawr ochr cannwyll a chaledu'n gŵyr solet. Mae gan sylweddau gwahanol rewbwynt gwahanol, lle byddan nhw'n troi o fod yn hylif i fod yn solid. Rhewbwynt dŵr pur yw 0 °C (32 °F), tra bo rhewbwynt mercwri yn −38.8 °C (−37.8 °F).

❼ PLASMA

Plasma yw pedwerydd cyflwr mater. Fe'i ceir ledled y Bydysawd, ond mae'n brin ar y Ddaear. Cyflwr tebyg i nwy ydyw, ac mae'n cael ei achosi pan fydd ymbelydredd neu wres eithriadol o uchel yn tynnu electronau o atomau. Mae hyn yn creu cwmwl nwyol o ïonau positif ac electronau negatif. Mae plasma'n dargludo gwres a thrydan yn arbennig o dda ac fe'i ceir o amgylch sêr fel yr Haul ac mewn awrora, goleuadau sy'n digwydd yn naturiol yn yr awyr.

Mae Goleuni'r Gogledd (Aurora Borealis) yn goleuo awyr y nos yn hemisffer y gogledd

Mae gan fenyn ymdoddbwynt isel – rhwng 22 °C (72 °F) a 45 °C (113 °F), yn dibynnu ar faint o ddŵr a braster sydd ynddo

Bydd ciwbiau iâ'n ymdoddi'n araf mewn dŵr

PRIODWEDDAU MATER

Mae gan bob deunydd a sylwedd ystod eang o nodweddion a elwir yn briodweddau. Mae'r rhain yn cynnwys eu hymddangosiad – lliw, gloywedd (a yw rhywbeth yn sgleiniog ai peidio), ac arogl – a'u nodweddion cemegol, megis gallu sylwedd i hydoddi mewn hylif, pa mor asidig ydyw ac a fydd yn hylosgi ai peidio. Defnyddir yr wybodaeth hon gan ddiwydiant, gwyddonwyr a pheirianwyr i ddewis y deunydd neu'r sylwedd cywir ar gyfer tasg benodol.

○ PA MOR GALED?

Caledwch sylwedd yw pa mor hawdd neu anodd yw ei grafu neu roi siâp parhaol iddo. Mae gwahanol ffyrdd o fesur caledwch. Un dull cyffredin yw graddfa Mohs, sy'n rhoi deg mwyn ar raddfa feddalwch a chaledwch ac yn mesur pa mor dda y bydd un sylwedd yn gwrthsefyll cael ei grafu gan un arall.

○ MÀS A DWYSEDD

Dwysedd sy'n mesur pa mor drwm yw rhywbeth yn ôl ei faint. Mae'n cael ei gyfrifo drwy rannu màs y deunydd â'i gyfaint. Defnyddir deunyddiau dwys, megis plwm a phres, ar gyfer pwysau, ond mae deunyddiau o ddwysedd isel, megis pren, yn gallu arnofio ar ddŵr. Mae'r darnau bach hyn o sbwng plastig yn isel iawn o ran dwysedd a chânt eu defnyddio i warchod nwyddau electronig ac eitemau bregus eraill.

○ HYBLYGRWYDD AC ELASTIGEDD

Mae rhai deunyddiau'n fwy hyblyg ac yn gallu plygu mwy nag eraill. Elastigedd yw gallu deunydd i amsugno grym a phlygu mewn gwahanol gyfeiriadau, cyn dychwelyd i'w safle gwreiddiol. Mae gan rai deunyddiau ffin elastig. Os cânt eu tynnu'r tu hwnt i hwnt, ni allant ddychwelyd i'w siâp na'u maint gwreiddiol.

Mae dwysedd y darnau sbwng hyn sy'n llawn aer yn llai na degfed rhan o ddwysedd dŵr

Mae band rwber yn hyblyg ac yn elastig. Gellir ei blygu a'i dynnu cyn iddo ddychwelyd i'w siâp gwreiddiol

Mae corwndwm yn fwyn caled iawn, a gall grafu popeth heblaw diemwnt

Talc yw un o'r mwynau meddalaf ar raddfa Mohs

Gall diemwnt grafu talc, corwndwm, a phob mwyn arall ar raddfa Mohs

DARGLUDO TRYDAN

Bydd deunyddiau sydd â ddargludedd trydanol da yn caniatáu i gerrynt trydan lifo drwyddynt yn hawdd. Mae metelau'n ddargludyddion ardderchog. Defnyddir copr, yn arbennig, ar gyfer gwifrau trydan. Mae gwydr, deunydd ceramig a phlastig yn ddargludyddion gwael.

Cânt eu defnyddio i ynysu, sef rhwystro trydan rhag lifo lle nad oes angen iddo fynd, er enghraifft mewn peilonau sy'n cario llawer o drydan o bwerdy i gartrefi.

Disgiau ceramig sy'n ynysu peilonau oddi wrth y ceblau sy'n cario trydan

DARGLUDO GWRES

Bydd gwres yn symud drwy ddeunyddiau ar gyflymder gwahanol, yn dibynnu ar y deunydd a pha mor dda ydyw am ddargludo gwres. Os rhoddir llwy fetel mewn cwpanaid o ddŵr a wresogir o'r gwaelod, bydd dolen y llwy'n cynhesu'n gyflym. Mae hyn oherwydd bod dŵr a'r rhan fwyaf o fetelau'n gallu dargludo gwres yn dda iawn. Fel arfer, bydd deunyddiau sy'n ddargludyddion thermol gwael, megis gwydr a phlastig, yn ynysyddion gwych, ac yn gwrthsefyll llif gwres drwyddynt.

Byddai'n rhaid defnyddio menig trwchus i ddal y darn haearn gwynias hwn

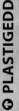

HYDODDEDD

Gall rhai deunyddiau hydoddi mewn dŵr, er enghraifft, neu mewn hylifau eraill i ffurfio hydoddiant; mae llawer iawn o sylweddau'n gallu hydoddi mewn dŵr. Bydd diod feddal fyrlymog yn cynnwys melysyddion, cyflasynnau a charbon deuocsid hydoddadwy – sy'n creu swigod yn y ddiod – wedi'u hydoddi mewn dŵr.

Mae aur yn hydrin iawn a gellir ei guro'n haenau tenau iawn i lunio dail aur

PLASTIGEDD

Plastigedd yw gallu deunydd i gael ei siapio neu ei anffurfio'n barhaol. Mae gwahanol fathau o blastigedd gan gynnwys hydwythedd, sef gallu deunydd i gael ei ffurfio'n weiren denau, a hydrinedd, sef y gallu i guro deunydd yn haenau tenau.

FFLAMADWYEDD

Mae fflamadwyedd yn disgrifio pa mor hawdd y bydd deunydd yn cynnau (mynd ar dân) ac yna'n llosgi. Mae rhai deunyddiau'n fflamadwy iawn ac yn llosgi'n hawdd, gan gynhyrchu gwres. Bydd bron pob cerbyd yn dibynnu ar fflamadwyedd tanwydd i losgi'r tu mewn i silindrau'r injan er mwyn gyrru pistonau. Mae deunydd nad yw'n llosgi'n cael ei alw'n anfflamadwy.

ADWEITHIAU CEMEGOL

Bydd adwaith cemegol yn digwydd pan fydd y bondiau rhwng atomau a moleciwlau mewn sylweddau'n cael eu torri ac yna'n ailffurfio'n sylweddau cemegol gwahanol. Gelwir y sylwedd gwreiddiol yn adweithydd a'r enw am ganlyniad yr adwaith yw cynnyrch. Pan fydd sylwedd yn cynnwys dwy neu ragor o elfennau, yna mae'n gyfansoddyn. Gall adweithiau cemegol fod yn sydyn, fel mewn ffrwydrad, neu gall ddigwydd dros gyfnod o flynyddoedd maith, megis arian yn colli ei liw pan ddaw i gyswllt ag aer.

❸ ADWAITH DADLEOLI

Mewn rhai adweithiau, bydd un elfen yn cymryd lle un arall mewn cyfansoddyn (sylwedd lle mae dwy elfen neu ragor wedi cyfuno'n gemegol). Bydd yr elfen fwyaf adweithiol yn dadleoli'r elfen lai adweithiol. Mae galfanu'n ddull o rwystro pethau haearn a dur rhag rhydu. Bydd haen denau o sinc yn gorchuddio'r gwrthrych haearn neu ddur. Os yw'r haearn yn agored i'r aer ac y gallai rhwd haearn ocsid ffurfio, bydd y sinc yn dadleoli'r haearn gan ffurfio sinc ocsid.

❶ ADWAITH RHYDOCS

Mae hyn yn cynnwys ocsidio a rhydwytho. Mae ocsidio'n digwydd pan fydd sylweddau'n cyfuno ag ocsigen neu'n colli hydrogen. Yr un pryd, bydd sylweddau eraill yn rhydwytho, gan golli ocsigen neu ennill hydrogen. Adwaith rhydocs yw metel yn cyrydu; bydd y metel yn colli ei sglein a gall ei adeiledd ddirywio, megis pan fydd rhwd yn difa metel.

❷ ADWAITH CILDROADWY

Dim ond un ffordd y bydd y rhan fwyaf o adweithiau'n digwydd. Maen nhw'n anghildroadwy gan fod yr adweithyddion yn cael eu defnyddio i ffurfio cynhyrchion newydd. Ond mewn nifer fechan o adweithiau bydd rhai o'r adweithyddion yn aros, a gall yr adwaith gildroi. Mae moleciwlau nwy amonia a hydrogen clorid yn ffurfio pan fydd amoniwm clorid solet yn cael ei wresogi. Bydd rhai o'r nwyon hyn yn adweithio â'i gilydd yn syth i ailffurfio amoniwm clorid.

❹ ADWAITH ECSOTHERMIG

Gelwir adweithiau sy'n rhyddhau egni i'w hamgylchedd, fel arfer ar ffurf gwres, yn adweithiau ecsothermig. Bydd adweithiau niwtralu rhwng asidau ac alcalïau yn rhyddhau egni, yn yr un modd ag y gwna adweithiau hylosgi. Dyma fathau o ocsidio cyflym lle bydd tanwydd yn cyfuno ag ocsigen, gan gynhyrchu egni gwres, yn ogystal ag egni golau ambell waith. Mae llosgi hydrocarbonau megis olew neu lo, yn adweithiau hylosgi sy'n rhoi egni i ni ar gyfer ein ceir a'n cartrefi.

Bydd ocsidau haearn coch (rhwd) yn ffurfio pan fydd haearn yn adweithio â dŵr ac ocsigen yn yr aer

Mae moleciwl amonia yn cynnwys un atom nitrogen a thri atom hydrogen

❺ ADWAITH ENDOTHERMIG

Yn ystod ambell adwaith bydd angen mwy o egni i dorri bondiau moleciwlaidd na'r hyn sy'n cael ei ryddhau pan fydd bondiau newydd yn cael eu creu. Bydd yr adweithiau hyn yn amsugno egni, ar ffurf gwres fel arfer, o'u hamgylchedd. O ganlyniad, bydd hyn yn gadael yr ardal o gwmpas yn oerach. Mae pecyn iâ a ddefnyddir i drin clais neu ysigiad yn cynnwys dŵr ac amoniwm clorid. Pan fydd y pecyn yn cael ei actifadu, bydd y rhwystr rhwng y ddau sylwedd yn symud a'r sylweddau'n cymysgu ac yn adweithio, gan dynnu gwres i mewn a gwneud y pecyn yn iasoer.

Llosgydd Bunsen yn llosgi methan, gan gynhyrchu carbon deuocsid a dŵr

❻ CYFRADD ADWEITHIO

Gall cyflymder adweithiau cemegol newid, yn dibynnu ar ffactorau fel tymheredd, maint y gronynnau neu faint o olau sy'n bresennol. Bydd y rhan fwyaf o adweithiau'n digwydd yn gyflymach os yw'r tymheredd yn uchel, gan fod y gronynnau'n symud yn gyflymach. Bydd solid yn tueddu i adweithio'n gynt os caiff ei dorri'n ddarnau llai, gan y bydd cyfanswm arwynebedd y darnau'n fwy nag arwynebedd y solid gwreiddiol. Mae'r fforc hon wedi'i gwneud o blastig bioddiraddadwy a gynhyrchwyd yn wreiddiol o india-corn. Mae'n pydru mewn 45 diwrnod yn unig, o'i gymharu â'r blynyddoedd lawer mae'n ei gymryd i blastigion arferol bydru.

❼ CATALYDD

Sylwedd a ddefnyddir i newid cyfradd adwaith cemegol yw catalydd. Bydd rhai catalyddion, a elwir yn atalyddion, yn arafu cyfradd adwaith. Cânt eu defnyddio i rwystro bara rhag llwydo neu rwd rhag ffurfio'r tu mewn i reiddiaduron haearn. Bydd y rhan fwyaf o gatalyddion yn cyflymu cyfradd yr adwaith. Bydd platinwm, paladiwm, a'r rhodiwm mewn trawsnewidydd catalytig car yn adweithio ag allyriadau gwenwynig o injan betrol i droi ocsidau nitrus a charbon monocsid yn garbon deuocsid, ocsigen a nitrogen diniwed.

Diwrnod 0

Diwrnod 12

Diwrnod 33

Diwrnod 45

CYMYSGEDDAU A CHYFANSODDION

Cymysgedd yw'r enw a roddir ar gyfuniad ffisegol o sylweddau, megis pridd, dŵr mwdlyd neu inc. Mae atomau, moleciwlau neu ronynnau'r gwahanol sylweddau wedi'u cymysgu'n drylwyr â'i gilydd, ond nid ydynt wedi'u bondio'n gemegol i ffurfio sylweddau gwahanol. Mae cyfansoddion hefyd yn cynnwys llawer o atomau gwahanol. Ond rhaid iddynt gynnwys dwy neu ragor o elfennau sydd wedi adweithio'n gemegol â'i gilydd ac sy'n cael eu dal ynghyd gan fondiau cemegol.

❶ CYFANSODDION

Mae'r elfennau a geir mewn cyfansoddyn fel arfer yn bresennol mewn cyfrannedd penodol, felly bydd gwydraid o ddŵr (isod) yn cynnwys moleciwlau a chanddyn nhw ddau atom hydrogen ac un atom ocsigen. Ni ellir gwahanu cyfansoddion mewn modd ffisegol. Rhaid cael adwaith cemegol i dorri'r bondiau rhwng y moleciwlau. Bydd cyfansoddyn yn aml yn meddu ar nodweddion gwahanol iawn i rai'r elfennau sydd ynddo. Sodiwm clorid yw halen gwyn cyffredin, ond mae wedi'i wneud o fetel ariannaidd, sef sodiwm, a'r nwy clorin.

❷ POLYMERAU

Cyfansoddion sy'n ffurfio cadwynau hir, ailadroddus o foleciwlau yw polymerau. Ceir rhai polymerau ym myd natur, megis blew gwallt, DNA a cellwlos (a ddangosir isod), sy'n ffurfio waliau celloedd planhigion. Mae eraill yn bolymerau synthetig, megis polyfinyl clorid (PVC) a neilon. Mae un moleciwl polythen yn cynnwys dwy elfen yn unig, sef carbon a hydrogen, ond gall gynnwys hyd at 200,000 o atomau carbon.

❸ CYMYSGU

Cymysgedd unffurf, lle cymysgir dau neu ragor o sylweddau ynghyd, yw hydoddiant. Yr enw ar y sylwedd y mae'r mwyaf ohono'n bresennol yw'r hydoddydd. Bydd sylweddau eraill, a elwir yn hydoddion, yn hydoddi i mewn i'r hydoddydd. Mae aer yn hydoddiant nwyol sy'n cynnwys ocsigen a nwyon eraill wedi'u hydoddi mewn nitrogen. Nwyon neu solidau a hydoddwyd mewn hylif yw'r rhan fwyaf o hydoddiannau. Bydd drip halwynog cyffredin (ar y dde), sy'n cael ei roi i gleifion mewn ysbyty, yn cynnwys hydoddiant o 0.9% o sodiwm clorid wedi'i hydoddi mewn dŵr pur.

❹ HYDODDIANT SOLID

Ffurfir hydoddiant solid pan fydd atomau o un sylwedd yn cael eu gwasgaru drwy sylwedd arall. Gall aloi metel fod yn hydoddiant solet, â'r metelau amrywiol wedi'u hymdoddi a'u gadael i ailgaledu. Mae dwralwmin yn hydoddiant solid wedi'i ffurfio o 90% alwminiwm gyda chopr, manganîs a magnesiwm. Mae'n cael ei ddefnyddio yn y diwydiant awyrennau gan ei fod yn ysgafn ac yn hynod o gryf.

❺ GWAHANU CYMYSGEDD

Datblygwyd sawl techneg i wahanu cymysgedd. Gellir gwahanu naddion haearn oddi wrth dywod drwy redeg magnet dros y gymysgedd. Mae hyn yn atynnu'r haearn oddi wrth y tywod anfagnetig. Bydd allgyrchydd yn troelli tiwbiau prawf sy'n cynnwys deunyddiau ar gyflymder mawr. Mae allgyrchu'n dibynnu ar y ffaith fod gan sylweddau mewn cymysgedd ddwysedd gwahanol i'w gilydd ac yn achosi i'r dwyseddau gwahanol o hylif wahanu'n haenau.

Mae rotor yr allgyrchydd yn troi gan daflu'r sylweddau mwyaf dwys i waelod y tiwbiau

❺

❻ DISTYLLU A CHROMATOGRAFFAETH

Pan fydd cymysgedd hylifol yn cael ei wresogi, bydd yr hylif â'r berwbwynt isaf yn anweddu a gellir ei dynnu oddi yno, gan adael yr hylif arall ar ôl. Distyllu yw hyn ac fe'i ddefnyddir i wahanu dŵr ac alcohol, er enghraifft. Defnyddir cromatograffaeth papur i wahanu cymysgeddau o gyfansoddion lliw, megis llifynnau neu inc. Mae gan y moleciwlau yn y sylweddau hyn briodweddau gwahanol, a phan roddir hydoddydd arnynt bydd y gwahanol sylweddau'n symud ar gyflymder gwahanol ar draws y papur, gan wahanu wrth fynd.

Y sylweddau gwahanol yn ymddangos ar ffurf bandiau o liwiau gwahanol

❻

❼ ANWEDDU

Anweddu yw'r broses lle bydd hylif yn newid ei gyflwr i fod yn nwy neu'n anwedd. Gellir ei ddefnyddio i dynnu hylif o hydoddiant, gan adael solid ar ôl fel arfer. Gellir anweddu'r dŵr sydd mewn hydoddiant copr sylffad i adael crisialau copr sylffad. Cynhyrchir halen coginio mewn llawer o ardaloedd cynnes drwy grynhoi dŵr y môr mewn pyllau mawr bas. Bydd y dŵr yn anweddu gan adael yr halen, sy'n cael ei gasglu at ei gilydd yn bentyrrau mawr.

Pentwr o halen o ddŵr heli sydd wedi'i anweddu. Mae litr o heli'n cynnwys tua 30 g (1 owns) o halen

❼

ASIDAU, BASAU A HALWYNAU

Mae asidau a basau'n hollol groes i'w gilydd yn gemegol, ond maen nhw'n perthyn yn agos. Sylweddau sy'n cynhyrchu gronynnau hydrogen wedi'u gwefru'n bositif, a elwir yn ïonau hydrogen (H⁺) pan gânt eu hydoddi mewn dŵr, yw asidau. Sylweddau sy'n gallu derbyn yr ïonau hydrogen hyn wrth iddynt gynhyrchu gormodedd o ronynnau wedi'u gwefru'n negatif, a elwir yn ïonau hydrocsid (OH⁻) mewn dŵr, yw basau. Gelwir bas sy'n hydawdd mewn dŵr yn alcali. Mae asidau a basau'n adweithio'n gryf gyda'i gilydd. Gellir eu cyfuno i gynhyrchu llawer o sylweddau defnyddiol yn y diwydiannau bwyd, cemegion a metel.

❶ Dangosyddion Gellir defnyddio dangosyddion i fesur pa mor asid neu fasig yw sylwedd. Bydd papur litmws yn troi'n goch mewn asid ac yn las os yw'n dod ar draws sylwedd alcalïaidd. Dangosydd cartref poblogaidd yw sudd bresych coch, sy'n cynnwys sylwedd o'r enw fflafin. Bydd bas cryf yn troi'r sudd yn wyrdd-felyn tra bydd asid cryf yn troi'r hylif yn goch.

❸ Asidau – finegr Daw'r gair asid o'r Lladin *acidus*, sy'n golygu sur neu siarp. Mae gan y rhan fwyaf o asidau, megis finegr (a ddangosir isod), iogwrt a sudd lemwn, flas cryf, sur. Dŵr yw'r cynhwysyn mwyaf mewn finegr a gawn ar y bwrdd bwyd, ond daw'r blas sur o'r 4–8% o'i gynnwys, sef asid asetig.

❹ Graddfa pH Ystyr pH yw 'power of hydrogen'; graddfa o rifau ydyw, o rif sy'n agos at sero (asidig iawn) i 14 (basaidd dros ben). Mae'n fesur o grynodiad yr ïonau hydrogen mewn sylwedd. Mae gan ddŵr pur werth pH o 7, sy'n niwtral – nid yw'n asid nac yn fas. Mae pob rhif cyfan ar y raddfa pH ddeg gwaith yn fwy asidig neu fasig na'r rhif blaenorol.

❺ Basau a braster Bydd basau fel arfer yn teimlo'n llithrig, ac maent yn adweithio â braster, megis menyn, gan ei dorri i lawr fel y gellir ei olchi i ffwrdd yn haws. O ganlyniad, defnyddir basau mewn deunyddiau glanhau cryf i'r cartref. Er enghraifft, mae sodiwm hydrocsid (NaOH), a elwir hefyd yn soda brwd, yn fas grymus a ddefnyddir yn y diwydiant papur ac mae'n un o'r prif gynhwysion gweithredol mewn glanhawyr a deunyddiau i ddadflocio draeniau.

❷ Asidau – asid sylffwrig
Mae asid sylffwrig (H_2SO_4) yn gyrydol iawn – gall ddifa metelau. Caiff ei ddefnyddio fel sychwr i dynnu dŵr yn gemegol o sawl sylwedd, ac mae'n un o'r cemegion diwydiannol mwyaf cyffredin a gynhyrchir yn y byd. Mae'n ddefnyddiol iawn yn y broses o gynhyrchu gwrtaith, llifynnau, cyffuriau, paent a dwsinau o gynhyrchion cemegol eraill.

Gellir torri menyn i lawr gan fasau

Mae'r asid asetig a geir mewn finegr yn deillio o ethanol

Mae sudd lemwn yn cynnwys 4–7% o asid citrig ac mae ei rif pH rhwng 2 a 3

Label yn rhybuddio am berygl sylweddau cyrydol

Mae gan ddŵr pur lefel pH o saith

❻ Asidau – asid citrig Daw'r blas siarp, sawrus a geir mewn rhai bwydydd wedi'u prosesu a diodydd meddal o bresenoldeb ychydig bach o asid citrig. Mae i'w gael yn naturiol mewn ffrwythau citrig megis orennau, lemwn, a leim, a defnyddir asid citrig yn y diwydiant bwyd ac mewn deunyddiau glanhau ceginau ac ystafelloedd ymolchi. Fe'i ceir hefyd mewn meddalyddion dŵr sy'n galluogi sebon i gynhyrchu mwy o drochion.

❼ Seboneiddio Gall yr adwaith rhwng rhai asidau a basau beri i sebonau ffurfio – halwyn sy'n dod o asid brasterog. Enw'r broses hon yw seboneiddio. Daw rhai sylweddau asidig, megis braster anifeiliaid neu olew olewydd (isod), o asidau brasterog. Gellir hydrolysu'r rhain (eu torri'n llai) gan fas cryf, er enghraifft gan sodiwm hydrocsid i ffurfio sebon caled neu gan botasiwm hydrocsid i ffurfio sebon meddal.

❽ Batrïau Gall asidau a basau ddargludo trydan. Po gryfaf yr asid neu'r bas, y gorau fydd ei allu i ddargludo trydan. Defnyddir basau ac asidau'n aml i wneud batrïau. Un o'r sylweddau hanfodol mewn batri alcalïaidd yw'r bas potasiwm hydrocsid (KOH). Mae batrïau alcalïaidd fel arfer yn para'n hirach na batrïau sinc clorid o'r un maint.

❾ Halwynau – mercwri sylffid Halwyn a wnaed o fercwri a sylffwr yw mercwri sylffid (HgS). Fe'i ceir ym myd natur ar ddwy ffurf, fel powdr du, bras a elwir yn sylffid mercwrig du, neu fel powdr coch, mân a elwir yn sylffid mercwrig coch. Defnyddir yr ail un yn bennaf fel lliw mewn celf, lle rhoddir yr enw fermiliwn arno.

❿ Halwynau – potasiwm permanganad Halwyn sy'n hydoddi mewn dŵr i greu hydoddiant porffor dwfn yw potasiwm permanganad. (KMnO₄). Mae hefyd yn hydawdd mewn asid sylffwrig. Mae'n cael ei ddefnyddio ganddo i wneud ystod eang o bethau gan gynnwys trin dŵr, diheintio, lladd ffwng ac fel deunydd glanhau a channu diwydiannol.

⓫ Halwynau – copr sylffid Gall rhai asidau a basau adweithio â'i gilydd i ganslo'u nodweddion asidig a basaidd – adwaith a elwir yn niwtralu. Bydd adwaith niwtralu'n tueddu i gynhyrchu halwyn a dŵr. Gall ocsid metel anhydawdd adweithio ag asid i ffurfio halwyn hydawdd. Mae asid sylffwrig, er enghraifft, yn gallu adweithio â chopr(II) ocsid i gynhyrchu copr(II) sylffad, sy'n lliw glas trawiadol.

⓬ Basau – sodiwm hydrogen-carbonad Defnyddir sodiwm hydrogen-carbonad (NaHCO₃), bas cymedrol a chanddo rif pH oddeutu 8, i goginio lle bydd yn adweithio â sylweddau asidig megis coco, iogwrt, sudd lemwn a llaeth enwyn i gynhyrchu carbon deuocsid, sy'n helpu i wneud i does godi. Fe'i ceir hefyd mewn tabledi diffyg traul i niwtralu gormodedd o asid yn y stumog.

Gall sodiwm hydrogen-carbonad niwtralu'r asid mewn pigiad gan wenynen

Crisialau glas copr(II) sylffad a grëwyd o hydoddiant copr(II) sylffad

Mae'r ddau fath o fercwri sylffid yn anhydawdd mewn dŵr

Batrïau alcalïaidd

Bydd potasiwm permanganad yn adweithio ag asid hydroclorig i greu clorin

Mae batri car plwm-asid yn cynnwys asid sylffwrig

GWYDDONIAETH DEUNYDDIAU

Bu dyn yn gweithio gyda deunyddiau ers miloedd o flynyddoedd, gan ddysgu sut i'w gwthio i'w heithafion. Fe wnaeth diwylliannau cynnar ddarganfod sut i weithio clai a'i droi'n cerameg, gwneud gwydr, a thoddi a gweithio rhai metelau megis haearn, arian, tun a chopr. Mae gwyddonwyr heddiw'n parhau i ddatblygu dulliau mwy effeithiol o gynhyrchu ac o ddefnyddio hen ddeunyddiau mewn ffyrdd newydd, yn ogystal â chynhyrchu deunyddiau newydd sy'n hynod ddefnyddiol.

⊘ PROSESU DEUNYDDIAU NATURIOL

Mae angen prosesu llawer o'r deunyddiau a geir o fyd natur cyn eu defnyddio. Er enghraifft, gwresogir olew crai mewn colofnau distyllu ffracsiynol enfawr. Yn y colofnau, bydd yr olew crai'n gwahanu'n sylweddau sydd â berwbwyntiau gwahanol. Gelwir y sylweddau hyn yn ffracsiynau. Bydd y ffracsiynau sydd â'r berwbwyntiau isaf, megis petrolewm, yn codi i ben y golofn, a'r rhai sydd â berwbwyntiau uwch, megis olew iro a bitwmen, yn aros tua'r gwaelod.

Defnyddir dros 80% o'r holl betrolewm a gynhyrchir fel tanwydd

⊘ PLASTIGION

Plastigion a gynhyrchir o ffracsiynau olew yw un o'r grwpiau mwyaf cyffredin ac amlbwrpas o ddeunyddiau. Ni fydd y rhan fwyaf o blastigion yn adweithio â sylweddau eraill, ac felly mae'n ddefnyddiol fel cynwysyddion hylifau a allai fod yn adweithiol. Gellir cynhyrchu plastigion ysgafn, sy'n dal dŵr ac sy'n ynysyddion da rhag trydan a gwres. Gellir eu ffurfio ar bob siâp, o haenau tenau i ddarnau cymhleth iawn.

⊙ PETROLEWM

Pan brosesir olew crai drwy ddefnyddio distyllu ffracsiynol, un o'r ffracsiynau ysgafnaf a gynhyrchir – petrolewm – yw un o'r rhai mwyaf gwerthfawr. Defnyddir yr hylif hwn fel tanwydd mewn peiriannau modur ond mae ganddo sawl defnydd arall hefyd. Caiff ei ddefnyddio i wneud glanedyddion a llawer o blastigion. Yn yr Unol Daleithiau, defnyddiwyd 18,686,000 casgen o betrolewm – a phob casgen yn dal 159 litr (35 galwyn) – bob dydd yn ystod 2009.

⊘ BITWMEN

Bitwmen yw'r ffracsiwn trymaf o olew crai sy'n cael ei gynhyrchu gan ddistyllu ffracsiynol. Mae'n sylwedd trwchus ac olewog, â berwbwynt uchel iawn, 525 °C (977 °F), ac fe'i defnyddir mewn deunyddiau sy'n gwarchod rhag y tywydd, gan gynnwys ffelt ar gyfer toeau. Defnyddir asffalt bitwmen i roi wyneb ar ffyrdd a chaiff ei rolio i ffurfio arwynebedd llyfn, gwydn.

⊙ ALOIAU METEL

Cymysgedd o ddau fetel neu ragor, neu fetel a sylweddau eraill, yw aloi metel. Cymysgir carbon â haearn i greu'r aloi metel sy'n cael ei ddefnyddio fwyaf yn y byd, sef dur. Mae priodweddau aloiau yn wahanol i briodweddau'r deunyddiau gwreiddiol. Mae alwminiwm, er enghraifft, yn ysgafn ond yn gymharol feddal. Gellir ei wneud yn galetach drwy greu aloi ohono â metelau eraill, megis copr.

GWNEUD GWYDR

Mae gwydr yn cynnwys silica a ddaw o dywod ynghyd â lludw soda, calchfaen a sylweddau eraill. Yn ystod y broses gynhyrchu gwresogir y rhain mewn ffwrnais. Gellir siapio gwydr mewn sawl ffordd. Gellir ei arllwys i fowld, ei rolio'n haenau mawr gwastad, neu ei chwythu i siâp arbennig. Gellir ychwanegu ychydig bach o ddeunyddiau eraill i roi priodweddau gwahanol i wydr. Pan ychwanegir boron, gall y gwydr wrthsefyll gwres y popty, ac mae ychwanegu plwm yn gwneud gwydr yn fwy tryloyw.

Chwythwr gwydr yn siapio'r gwydr gwynias drwy chwythu drwy diwb hir

YN GYMYSG OLL I GYD

Mae deunydd cyfansawdd yn gyfuniad o briodweddau defnyddiol dau neu fwy o ddeunyddiau mewn un deunydd. Gosodir ffibrau carbon mân iawn mewn polymerau, megis epocsi, polyester a neilon. Gall hyn greu deunyddiau sy'n hynod o gryf, ond sydd hefyd yn ysgafn. Cânt eu defnyddio'n eang yn y diwydiant awyrennau. Adeiladwyd y Model 281 Proteus, awyren ymchwil ar gyfer uchderau mawr, bron yn llwyr o ddeunyddiau cyfansawdd cryf ond ysgafn.

Gall nanotiwbiau carbon fesur llai na 1/50,000 rhan o led blewyn o wallt dynol

Er bod lled adenydd y Proteus yn mesur 22 m (73 troedfedd), dim ond 2,676 kg (5,887 pwys) yw pwysau'r awyren

NANODECHNOLEG

Mae hyn yn ymwneud â chynhyrchu a gweithio â deunyddiau a fesurir mewn nanometrau; nanometr yw un rhan o biliwn o fetr. Llwyddodd gwyddonwyr i gynhyrchu graffen – atomau carbon wedi'u gwasgu'n dynn at ei gilydd a'u bondio i ffurfio haen sy'n mesur trwch un atom yn unig. Gellir rholio graffen yn nanodiwbiau. Dyma ddeunydd cryf iawn a allai fod yn ddefnyddiol iawn ym maes electroneg ac mewn nanobeiriannau microsgopig.

Cyllell, fforc a llwy a wnaed o ddur gwrthstaen, aloi dur lle'r ychwanegwyd cromiwm a nicel

ALOI COFIO SIÂP

Mae peirianneg deunyddiau uchelgeisiol wedi creu aloiau metel sy'n cofio'u siâp gwreiddiol ar ôl iddyn nhw gael eu plygu, eu hanffurfio neu eu hymestyn gan wres. Gellir defnyddio aloion cofio siâp mewn llawer ffordd. Er enghraifft, gwnaed dros hanner y stentiau fasgwlar (tiwbiau artiffisial a ddefnyddir ym myd meddygaeth i alluogi gwaed i lifo drwy bibellau gwaed) o Nitinol.

AILGYLCHU

Gelwir casglu ac ailbrosesu deunyddiau a daflwyd i ffwrdd i wneud cynnyrch a deunyddiau newydd yn ailgylchu. Mae ailgylchu caniau diod alwminiwm, hen boteli gwydr, a phapur yn beth cyffredin. Bob blwyddyn, teflir miliynau o deiars ceir sydd wedi treulio. Ailgylchir llawer o'r rhain drwy eu torri'n ddarnau i greu deunydd rwber. Gellir defnyddio hwn i wneud gwadnau esgidiau neu arwynebau meysydd chwarae.

81

TROI A THROELLI
Reid ffair yn mynd â theithwyr mentrus ar daith i droi stumog wrth droi a chwyrlïo. Mae grymoedd gwahanol yn effeithio ar y cerbydau a'r teithwyr wrth iddyn nhw rasio ar hyd y trac troellog.

Egni a grymoedd

Mae arwyneb coginio'r ffwrn yn trawsnewid egni trydanol yn egni gwres a golau

❶ NEWID FFURF

Mae'r rhedwyr hyn yn trawsnewid yr egni potensial cemegol o fwyd yn egni cinetig (gweler isod) wrth iddyn nhw redeg. Mae eu symudiadau hefyd yn creu egni gwres a sain. Gall sawl dyfais ddefnyddio egni trydanol. Gellir trawsnewid hwn yn egni cinetig mewn gwyntyll, yn oleuni mewn lamp neu'n sain yng nghloch y drws.

Mae gan linynnau raced dennis, wedi'u hymestyn gan y bêl, egni potensial

EGNI

Egni yw'r gallu i wneud gwaith. Rhaid i bopeth byw gael egni i fyw a ffynnu. Maen nhw'n cael egni oddi wrth fwyd, sy'n cael ei dreulio ganddynt a'i droi'n sylweddau sy'n rhoi nerth iddynt gyflawni eu gweithgareddau. Ni ellir dinistrio egni. Gellir ei drosglwyddo o un gwrthrych i wrthrych arall, er enghraifft pan fydd troed sy'n cicio'n trosglwyddo egni i bêl gan beri iddi symud. Gellir newid egni o un ffurf i ffurf arall hefyd, megis pan fydd symudiad corfforol tannau'r delyn yn creu egni sain wrth iddynt gael eu plycio.

❷ EGNI CINETIG

Yr enw a roddir ar egni sydd gan rywbeth am ei fod yn symud yw egni cinetig. Bydd gan feiciwr mentrus sy'n hedfan drwy'r awyr egni cinetig. Mae egni cinetig gwrthrych yn dibynnu ar ei fuanedd a'i fàs. Po fwyaf yw màs neu gyflymder gwrthrych, y mwyaf o egni cinetig fydd ganddo.

❸ EGNI POTENSIAL

Egni potensial yw egni a storiwyd o ganlyniad i gemeg, lleoliad neu stad gwrthrych. Mae gan wrthrych a gywasgwyd, megis sbring, egni potensial, yn ogystal â phêl dennis sydd wedi'i tharo i'r awyr. Mae safle'r bêl uwchben y ddaear, lle roedd angen egni i'w symud, yn rhoi egni potensial disgyrchiant iddi. Wrth i'r bêl ddisgyn bydd ei hegni potensial yn newid yn egni cinetig unwaith eto.

Bydd llosgi glo'n rhyddhau egni cemegol a grëwyd yn wreiddiol gan blanhigion cynhanesyddol

Bydd bom atomig yn rhyddhau'r un faint o egni â miliynau o dunelli o ffrwydron nerthol

Bydd adweithiau ymasiad nerthol yn digwydd yng nghraidd yr Haul

❹ EGNI ELASTIG

Egni elastig yw egni potensial a storiwyd mewn gwrthrych sydd wedi'i gywasgu, ei estyn neu ei blygu. Bydd neidiwr polyn yng nghanol ei naid yn cydio mewn polyn hir hyblyg. Bydd y polyn bron â phlygu'n ddau oherwydd iddo amsugno rhywfaint o egni cinetig yr athletwr wrth iddo redeg i lawr y llwybr at y naid. Wrth i'r polyn sythu, caiff yr egni a storiwyd ei ryddhau ar ffurf egni cinetig, gan hyrddio'r athletwr i fyny dros y bar.

❺ EGNI CEMEGOL

Caiff llawer o egni ei storio mewn sylweddau lle nad oes modd ei ryddhau heb adwaith cemegol. Mae enghreifftiau'n cynnwys treulio bwyd a fwyteir gan bethau byw, llosgi pren i gynhyrchu gwres a golau, ac adwaith cemegion mewn batrïau i gynhyrchu egni trydanol.

❻ YMASIAD

Ymasiad niwclear yw'r broses o uno niwclysau atomau, sy'n rhyddhau symiau enfawr o egni. Dyna sut y bydd yr Haul yn cynhyrchu ei egni. Y gobaith yw y bydd ymchwil i adweithyddion ymasio niwclear yn arwain at greu dull adnewyddadwy o egni lle gallai 1 kg (2.2 pwys) o danwydd isotop hydrogen gynhyrchu'r un faint o egni â 10 miliwn kg (22 miliwn pwys) o danwydd ffosil.

❼ YMHOLLTIAD

Gall hollti niwclysau atomau, proses a elwir yn ymholltiad niwclear, ryddhau llawer iawn o egni. Defnyddiwyd hyn i ddau bwrpas gwahanol iawn – fel arf ddinistriol ac fel dull o greu trydan. Mewn gorsaf bŵer niwclear, holltir niwclysau atomau wraniwm-235 i gynhyrchu egni sy'n gyrru generaduron trydan.

GRYMOEDD

Mae grymoedd o'n cwmpas drwy'r amser, er enghraifft afal yn disgyn i'r llawr neu gar yn dirwyn i stop. Grymoedd yw'r gwthio a'r tynnu sy'n gweithredu ar wrthrych. Gallant beri iddo symud neu stopio, cyflymu neu arafu neu newid ei siâp. Gall grymoedd fod yn fach a gweithio'n lleol neu gallant gael effaith dros bellteroedd enfawr, megis tynfa ddisgyrchiant y Ddaear sy'n dal y Lleuad yn ei chylchdro ar bellter o 384,400 km (238,900 milltir) i ffwrdd.

⏷ FFRITHIANT

Pan fydd dau beth yn rwbio yn erbyn ei gilydd, maen nhw'n creu grym sy'n gwrthwynebu eu symudiad. Ffrithiant yw hyn. Mae'n digwydd am nad oes yr un arwyneb yn hollol unffurf a llyfn. Ffrithiant sy'n rhoi gafael i esgidiau a theiars beic ddal yn y ddaear a gwthio i ffwrdd wrth symud. Bydd hefyd yn arafu pethau sy'n symud, yn gallu peri i bethau sy'n cyffwrdd â'i gilydd dreulio, ac mae'n cynhyrchu gwres.

Diamedr y Lleuad yw 3,476 km (2,173 milltir) ac mae ganddi lawer llai o fàs na'r Ddaear

⏶ TYNFA DISGYRCHIANT

Yr enw a roddir ar y dynfa rhwng dau wrthrych yw disgyrchiant. Mewn gwrthrychau sydd heb lawer o fàs, does fawr i sylwi arno, ond pan fydd gan un gwrthrych lawer o fàs, megis y Ddaear, bydd ei ddisgyrchiant yn tynnu pethau tuag at ei arwynebedd. Bydd gwrthrychau a ollyngir o uchder yn cyflymu tuag at y Ddaear ar yr un buanedd – 9.8 m (32.7 troedfedd) yr eiliad – beth bynnag yw màs y gwrthrych. Er mwyn codi rhywbeth, rhaid rhoi mwy o rym iddo na thynfa disgyrchiant.

TRECHU FFRITHIANT ⏷

Gellir lleihau ffrithiant mewn sawl ffordd, gan gynnwys gorchuddio dau arwyneb sy'n symud â haen denau o olew neu bowdr – hynny yw, iro'r ddau arwyneb. Bydd rholio hefyd yn lleihau ffrithiant. Mae marblen yn symud yn hawdd am fod arwyneb crwn wastad yn codi oddi ar wyneb gwastad gan olygu bod llai o'r ddau arwynebedd yn rhwbio yn erbyn ei gilydd.

Mae blociau brêc yn creu ffrithiant wrth iddynt wasgu ar ymyl yr olwyn gan arafu olwyn y beic

GRYMOEDD CYFUN

Ar unrhyw adeg, gall mwy nag un grym fod yn gweithio ar wrthrych sy'n symud. Pan fydd dau rym yn tynnu gwrthrych i gyfeiriadau dirgroes, y grym cydeffaith fydd yr hyn a geir drwy dynnu'r grym lleiaf o'r grym mwyaf. Caiff parasiwtiwr ei dynnu tua'r ddaear drwy rym disgyrchiant. Wrth iddo deithio drwy'r aer, bydd ei barasiwt yn creu llawer o wrthiant aer sy'n arafu ei gwymp tua'r ddaear.

Bydd llafnau rotor hofrennydd yn cynhyrchu grym codi wrth iddyn nhw dorri drwy'r aer

Mae gwasgedd yr esgid sglefrio'n dadmer yr iâ gan greu haen denau o ddŵr y gall y sglefrwraig lithro drosti

↑ GRYMOEDD CYTBWYS

Pan fyddwch chi'n eistedd mewn cadair, bydd grym pwysau eich chorff yn cael ei wrthbwyso gan rym y gadair yn gwthio i fyny. Mae'r grymoedd yn gytbwys a dywedir eich bod mewn ecwilibriwm. Nid yw grymoedd cytbwys yn achosi newid ym muanedd na chyfeiriad gwrthrych. Gall hofrennydd hofran yn yr aer drwy gydbwyso'r grymoedd codi a gynhyrchwyd gan ei lafnau rotor â grym disgyrchiant sy'n ei dynnu tuag i lawr.

↑ GWASGFA

Mae gwasgedd yn disgrifio grym a roddir ar ardal arbennig. Bydd faint o wasgedd a gynhyrchir yn dibynnu ar faint y grym a maint yr ardal. Bydd gan rym sy'n gweithredu dros ardal fechan wasgedd uwch na'r un grym wrth iddo weithredu dros ardal fwy. Mae grym pwysau corff sglefrwraig yn gweithio dros yr ardal fechan lle bydd llafn yr esgid sglefrio'n torri i'r iâ.

↻ GWRTHIANT AER

Gwrthiant aer, a elwir hefyd yn llusgiad, yw aer yn gwthio yn erbyn rhywbeth sy'n symud. Bydd yr aer a'r gwrthrych yn rhwbio yn erbyn ei gilydd, gan arafu'r gwrthrych neu beri iddo ddefnyddio mwy o egni i gyrraedd buanedd penodol. Po gyflymaf y bydd rhywbeth yn symud, y mwyaf o wrthiant aer fydd arno. Cynlluniwyd cerbydau cyflym fel ceir rasio ac awyrennau jet i fod yn llyfn, er mwyn lleihau llusgiad.

Trwyn pigfain yn helpu i gyfeirio'r aer o gwmpas y cerbyd

MUDIANT

Mudiant neu symudiad yw'r gair sy'n disgrifio'r newid mewn lleoliad neu safle sy'n digwydd i wrthrych dros amser. Pan fydd gwrthrych yn symud, mae un neu ragor o rymoedd ar waith. Mesurir grymoedd mewn newtonau (N), a enwyd ar ôl y ffisegydd Prydeinig Syr Isaac Newton (1642–1727). Lluniodd dair deddf mudiant i geisio esbonio egwyddorion momentwm, inertia a sut y mae i bob gweithred adwaith hafal a dirgroes.

❶ BUANEDD A CHYFLYMDER

Penderfynir buanedd cyfartalog car rasio drwy rannu'r pellter y bydd yn ei deithio â'r amser a gymerwyd. Felly, os llwyddodd y car i deithio un lap sy'n mesur 2.4 km (1.5 milltir) mewn munud, ei fuanedd cyfartalog fyddai 144 km yr awr (90 mya). Mae cyflymder yn mesur buanedd mewn cyfeiriad arbennig. Mae'n newid os yw'r buanedd neu gyfeiriad y symud yn newid.

❷ CYFLYMIAD

Wrth i fuanedd llinell-syth car gyflymu fel ei fod yn symud i ffwrdd oddi wrth gerbyd sydd y tu ôl iddo, dywedir ei fod yn cyflymu. Newid mewn cyflymder dros amser yw cyflymiad. Gall cyflymiad fod naill ai'n gynnydd neu'n lleihad. Weithiau gelwir lleihad mewn cyflymiad yn arafiad.

❸ INERTIA

Bydd pethau'n tueddu i symud ar yr un buanedd a'r un cyfeiriad neu, os ydynt yn ddisymud, byddant yn aros yn ddisymud. Rhaid rhoi grym ar waith i oresgyn yr inertia hyn. Rhaid i feiciwr sydd ddim yn symud bedalu'n galed er mwyn goresgyn yr inertia sydd ganddo ef a'i feic. Màs gwrthrych sy'n pennu ei inertia. Mae gan dancer olew enfawr fwy o inertia na chwch bach un sedd gan fod ganddo fwy o fàs ac felly bydd angen mwy o rym i'w gael i ddechrau symud.

❹ MOMENTWM

Pan fydd grymoedd yn hafal, bydd gwrthrych sy'n symud yn dal i symud nes i rym arall ei rwystro. Dywedir fod gan y gwrthrych hwnnw fomentwm, ac mae'n cael ei fesur drwy luosi'r cyflymder â màs y gwrthrych. Gellir rhoi stop sydyn ar fomentwm pêl gan ddwylo gôl-geidwad yn defnyddio grym i stopio'r bêl.

❺ ADWAITH HAFAL A DIRGROES

Yn ôl trydedd ddeddf mudiant Newton, pan fydd un grym yn gweithredu ar gorff, rhaid bod grym arall sy'n hafal a dirgroes yn gweithredu hefyd. Gelwir hyn yn rym adwaith. Bydd injan jet awyren yn cynhyrchu llif nerthol o nwyon poeth sy'n llifo tuag yn ôl. Mae'r rhain yn cynhyrchu grym adwaith ar ffurf gwthiad sy'n gyrru'r awyren ymlaen.

❻ GRYMOEDD TROI

Colyn yw pwynt lle bydd mudiant troi'n digwydd, megis colfachau drws. Bydd grym troi (sef moment) yn cael ei fesur yn ôl maint y grym wedi'i luosi â phellter y grym oddi wrth bwynt y colyn. Po fwyaf pell oddi wrth y colyn y gweithredir y grym, y mwyaf fydd y grym troi yn y colyn. Dyna pam y gall sbaner tyndro ddatod nytiau a bolltau tyn yn hawdd.

PEIRIANNAU SYML

Peiriant syml yw dyfais ag un rhan neu ychydig o rannau sy'n ei gwneud hi'n haws i gyflawni gwaith. Mae rhai peiriannau syml, megis gefeiliau bach (*tweezers*), yn caniatáu i bobl fod yn fwy manwl wrth weithredu grym. Mae llawer o beiriannau syml yn gadael i bobl weithredu grym sy'n fwy nag y gallai eu cyhyrau ei gynhyrchu ar eu pennau eu hunain. Er enghraifft, gellir defnyddio polyn neu gangen coeden fel peiriant syml o'r enw lifer i symud carreg drom.

❶ PLANAU AR OLEDD

Peiriant syml ar ffurf arwyneb sydd ar siâp llethr yw plân ar oledd, neu ramp. Fel ramp yr adeiladwr hwn i mewn i'r sgip, defnyddir planau ar oledd yn aml i helpu i gario llwythi trwm. Gallant leihau'r grym sydd ei angen i godi rhywbeth drwy gynyddu'r pellter y bydd yn teithio. Bydd rhai planau ar oledd, megis llithrenni dŵr, yn gweithio drwy adael i bobl a phethau eraill ddisgyn yn ddiogel a chyda llai o rym na chwymp fertigol.

❷ OLWYNION

Mae'r olwyn, un o'r dyfeisiadau gorau a gafwyd erioed, wedi caniatáu sawl ffurf o deithio dros dir a sawl math o beiriant i ffynnu. Bydd olwyn yn troi o amgylch siafft a elwir yn echel. Pan droir yr echel, bydd yr olwyn yn troi hefyd. Gan fod yr olwyn yn llawer mwy, mae'n teithio dipyn pellach na'r echel. Pan fydd y gwrthwyneb yn wir, er enghraifft mewn sgriwdreifer, lle mai'r ddolen yw'r echel, mae'r llafn yn teithio llai na'r echel, ond â mwy o rym.

Y llwyth yn cael ei gario ym mwced y ferfa

Mae echel olwyn y gadwyn yn cael ei throi gan y pedalau

❸ GERAU

Olwynion sydd â dannedd neu rigolau yw gerau. Maen nhw'n symud grym o un lle i le arall, neu'n newid maint neu gyfeiriad grym troi. Bydd cadwyn beic yn gadael i rym gêr olwyn troi'r gadwyn gael ei drosglwyddo i gêr yr olwyn ôl. Bydd gêr olwyn ôl lai o faint, o'i chymharu ag olwyn y gadwyn, yn troi'n amlach nag olwyn y gadwyn, ond mae angen mwy o rym i'w droi, felly fe'i defnyddir ar gyfer cyflymder uwch.

Bydd y fraich fawr yn gweithredu fel lifer i godi a gostwng llwythi

❺ PWLÏAU

Pwli yw olwyn ar echel y bydd rhaff, cebl, cortyn neu wifren yn rhedeg o'i chwmpas. Bydd pwli unigol sy'n gweithio ar ei ben ei hun yn newid cyfeiriad symudiad, er enghraifft pan fydd rhaff sy'n rhedeg dros bwli'n cael ei chlymu. Gellir defnyddio llawer o bwlïau sy'n gweithio ar y cyd i gynyddu'r pellter y bydd angen i'r rhaff neu'r gadwyn deithio, gan leihau faint o rym sydd ei angen i godi llwyth.

Mae'r mecanwaith codi'n cynnwys pwlïau i gynyddu'r llwyth y gellir ei godi gan y craen

❼ PEIRIANNAU CYMHLETH

Mae peiriannau cyfansawdd neu gymhleth yn gasgliad o beiriannau syml sy'n gweithio gyda'i gilydd. Mae'r ferfa, er enghraifft, yn lifer ag olwyn ac echel. Bydd craen tŵr (chwith) yn cyfuno pwlïau a lifer hir y fraich lorweddol – y fraich hir – i godi llwythi mawr. Caiff y teclyn codi ei weindio i fyny ac i lawr gan fodur sy'n defnyddio gerau, tra bo'r bwrdd tro ar ffurf olwyn fawr ar waelod y craen yn ei alluogi i droi i'r chwith neu'r dde.

Mae ffwlcrwm y si-so yn y canol, gyda'r ddau ben yn troi o'i gwmpas

Llwyth yn cael ei godi gan raw sy'n defnyddio'r llaw chwith fel colyn

❹ LIFERI – BERFA

Bar, rhoden neu bolyn sy'n troi o gwmpas pwynt, a elwir yn ffwlcrwm neu golyn, i symud llwyth yw lifer. Gall lleoliad yr ymdrech, y llwyth a'r ffwlcrwm amrywio, gan roi tri dosbarth gwahanol o lifer. Mae berfa neu whilber yn enghraifft o lifer ail ddosbarth gan fod y llwyth (brics) rhwng yr ymdrech (codi dolenni'r whilber) a'r ffwlcrwm (yr olwyn).

❻ LIFERI – SI-SO

Lifer dosbarth cyntaf yw si-so gan fod y ffwlcrwm rhwng y llwyth a'r ymdrech. Mae si-so'n anarferol am fod y llwyth a'r ymdrech fwy neu lai yr un pellter o'r ffwlcrwm, gan adael i blant symud i fyny ac i lawr gan ddefnyddio'u pwysau'n ymdrech. Bydd y rhan fwyaf o liferi dosbarth cyntaf, megis siswrn, yn cynyddu'r grym drwy symud pwynt yr ymdrech i leoliad sydd ymhellach i ffwrdd oddi wrth y ffwlcrwm na'r llwyth.

❽ LIFERI – RHAW

Mae'r adeiladwr hwn yn defnyddio rhaw fel lifer trydydd dosbarth. Mae ei law a'i fraich dde'n codi llwyth ar flaen y rhaw. Mae'r rhaw'n colynnu o gwmpas y ddolen sydd yn ei law chwith. Bydd ymdrech lifer trydydd dosbarth yn agos at y llwyth ac ar yr un ochr i'r ffwlcrwm â'r llwyth. Mae rhan isaf eich breichiau'n liferi trydydd dosbarth: mae'r ymdrech yn dod o'r cyhyrau deuben, y llwyth yw eich llaw a'r ffwlcrwm yw cymal y penelin.

Y SBECTRWM ELECTROMAGNETIG

Y lliwiau a welwch chi yw'r sbectrwm golau gweladwy. Ond dim ond un o nifer o ffurfiau ar egni sy'n teithio mewn tonnau ar fuanedd o 300,000 km (186,000 milltir) yr eiliad yw golau gweladwy. A dyna fuanedd golau. Yr enw ar y mathau gwahanol hyn o egni, o donnau radio i belydrau gama, yw'r sbectrwm electromagnetig. Mae pob un, heblaw golau gweladwy, yn anweladwy i lygad cyffredin, ond gellir gweld ac astudio'u heffeithiau. Mae rhai'n cario mwy o egni nag eraill, bydd gwahanol donfeddi o egni'n dangos priodweddau gwahanol. Mae'r cyfan wedi cael eu troi at waith dyn a'u cymhwyso i wahanol fathau o ddefnydd.

❶ TONFEDDI

Mae gan bob math o don yn y sbectrwm electromagnetig ei donfedd arbennig. Dyma'r pellter rhwng dwy ran unfath, megis dau frig neu ddau bant. Bydd tonfeddi'n amrywio o sawl metr o hyd ar gyfer tonnau radio hir i un rhan mewn biliwn o fetr ar gyfer pelydrau gama. Amledd yw'r cyfradd y bydd tonnau'n pasio heibio i bwynt penodedig. Bydd amleddau golau gweladwy'n amrywio o 430 triliwn ton yr eiliad ar gyfer a y lliw coch hyd at 750 triliwn ton yr eiliad ar gyfer fioled.

❷ PELYDRAU GAMA

Pelydrau gama, sy'n cael eu creu pan fydd atomau'n dadfeilio'n ymbelydrol, sydd â'r tonfeddi byrraf o'r holl donnau electromagnetig; byddant yn aml yn llai nag atomau unigol, ac mae ganddynt lawer iawn o egni. Mewn niferoedd mawr maen nhw'n niweidiol i bobl, ond fe'u defnyddir o dan amodau wedi'u rheoli i ddiheintio offer meddygol ac i drin canser. Gall sganwyr sy'n defnyddio pelydrau gama weld drwy feletau wrth chwilio am graciau a diffygion yn adeiladwaith awyrennau neu chwilio drwy gynwysyddion nwyddau metel ar gyfer pobl sy'n cuddio neu beryglon diogelwch.

Defnyddir pelydrau gama yn y gwaith o sganio cynnwys y lorri wrth iddi groesi ffin dwy wlad

❸ PELYDR X

Ers ei ddarganfod ar ddamwain mewn arbrawf labordy gan y gwyddonydd Almaenig Wilhelm Conrad Röntgen (1845–1923), dadansoddwyd a defnyddiwyd pelydr X yn eang iawn mewn meddygaeth. Gall pelydrau X dreiddio drwy gnawd ond cânt eu hamsugno gan ddeunydd mwy dwys fel esgyrn, dannedd a metelau. Felly, mae'n bosib tynnu llun o du mewn y corff er mwyn gwneud diagnosis. Defnyddir pelydrau X i archwilio pibellau ac i ddarganfod paentiadau sydd wedi'u cuddio o dan baentiadau eraill.

Mae'r sganiau pelydr X a wnaed gan arbenigwyr o'r paentiad hwn o'r 16eg ganrif yn rhoi cliwiau sut y cafodd ei greu

---

Pelydr gama

Pelydr X

Uwchfioled

Gweladwy

Tonfedd

Isgoch

Microdon

Radio

❹ UWCHFIOLED

Defnyddir pelydrau uwchfioled (UV), y mae eu tonfeddi ychydig yn fyrrach na golau gweladwy, mewn sawl ffordd. Pan fydd pelydrau UV'n disgyn ar rai deunyddiau, gallant beri iddynt fflwroleuo, neu allyrru golau gweladwy. Mae'r dyfrnodau UV ar yr arian papur hwn (dde) yn helpu i rwystro rhai rhag gwneud arian ffug, ac mae'r heddlu a thimau fforensig yn defnyddio golau uwchfioled i ganfod dafnau bychain o waed.

❺ PELYDRAU ISGOCH

Rhwng golau gweladwy a microdonnau ar y sbectrwm, ceir ymbelydredd isgoch. Mae'n cael ei allyrru gan bopeth cynnes, boed sêr neu lampau gwres a ddefnyddir i drin anafiadau athletwyr. Bydd ffotograffiaeth isgoch yn adeiladu darlun o wres a bydd yn cael ei ddefnyddio i ddarganfod diffygion mewn pethau electronig. Ychydig o wres a allyrrir gan isgoch lle mae'r tonfeddi'n agos at goch ar y sbectrwm, ac fe'i defnyddir mewn llawer o declynnau pell-reoli dros bellteroedd bychain.

❻ TONNAU RADIO

Caiff y bygi tegan hwn ei bell-reoli drwy ddefnyddio tonnau radio i anfon a derbyn signalau. Gan donnau radio y mae'r tonfeddi hiraf yn y sbectrwm; maen nhw'n mesur o tua 10 cm (4 modfedd) hyd at rai cannoedd o fetrau o hyd neu fwy. Cânt eu defnyddio ar gyfer llawer o gyfathrebu di-wifr, gan gynnwys teledu, radio, a rhwydweithio cyfrifiaduron.

❼ GOLAU GWELADWY

Mae'r sbectrwm golau gweladwy'n cynnwys tonnau electromagnetig y gall pobl eu gweld. Bydd enfys, a achosir wrth i olau haul daro gronynnau dŵr yn yr aer ar rai onglau, yn dangos yr holl liwiau sydd mewn golau gweladwy. Mae gan bob lliw donfedd wahanol: coch yw'r hiraf a fioled yw'r byrraf. Pan welir yr holl donnau gyda'i gilydd, byddan nhw'n creu golau gwyn.

❽ MICRODONNAU

Gelwir tonnau radio byr iawn yn ficrodonnau, a chânt eu defnyddio ar gyfer ystod eang o ddulliau cyfathrebu, gan gynnwys anfon a derbyn signalau GPS (system leoli fyd-eang) a thrawsyrru radar. Bydd derbynnydd diddwylo (chwith) yn defnyddio microdonnau i alluogi cyfathrebu di-wifr drwy ffôn symudol. Mae popty microdon yn taflu miloedd o belydrau at fwyd. Bydd hyn yn peri i'r moleciwlau dŵr yn y bwyd ddirgrynu, gan gynhyrchu gwres sy'n coginio'r bwyd o'r tu mewn tuag allan.

Mae clustffon diddwylo'n derbyn microdonnau gan ffôn symudol

Bydd teclyn rheoli'r teledu'n gweithio drwy gyfrwng pelydrau isgoch

Mae'r antena radio'n canfod tonnau radio gan y rheolwr

Gall cân morfil cefngrwm deithio dros 100 km (60 milltir) drwy ddŵr.

Bydd Gwennol Ofod yn cynhyrchu lefel sain o 180 desibel wrth iddi godi o'r ddaear.

SAIN

Pan fyddwch chi'n taro drwm, byddwch yn cynhyrchu tonnau o egni sy'n dirgrynu ac yn teithio oddi wrth ffynhonnell y sain, gan golli'u grym yn raddol wrth iddyn nhw deithio. Rhaid i sain gael ffynhonnell i'w chynhyrchu, a chyfrwng – rhywbeth sy'n cario sain. Mae angen derbynnydd hefyd, megis clust ddynol, i adnabod y sain. Gelwir unrhyw seiniau sydd uwchlaw lefel y clyw dynol yn uwchseiniau. Defnyddir y rhain mewn meddygaeth; er enghraifft, bydd sganwyr uwchsain yn darparu lluniau diagnostig o organau mewnol y corff.

⬆ BUANEDD SAIN

Gall buanedd sain amrywio, gan ddibynnu ar ddwysedd y cyfrwng. Ar lefel y môr, bydd sain yn teithio drwy aer ar fuanedd o 340 m/e (1,115 tr/e). Bydd hyn yn gostwng i 300 m/e (98 tr/e) ar uchder o 10,000 m (33,000 troedfedd) lle mae'r aer yn llai dwys. Mewn cyfrwng dwys, megis moleciwlau clòs dŵr, bydd sain yn teithio'n gyflymach – tua 1,500 m/e (3,800 tr/e).

⬆ OSGLED

Yr enw a roddir ar arddwysedd sain – faint o egni sydd ganddi – yw osgled. Po fwyaf o egni sydd gan don sain, y mwyaf fydd brig y don a'r cryfaf fydd y sain. Defnyddir graddfa desibel i ddisgrifio cryfder sain, o sibrwd tawel sy'n mesur tua 30 desibel i ddril niwmatig yn tyllu'r ffordd, sy'n mesur tua 115 desibel. Mae cynnydd o 10 desibel ar y raddfa'n golygu bod y sain ddeg gwaith yn uwch.

⬇ AMLEDD A THRAW

Mesurir amledd sain mewn herts (Hz) – nifer y dirgryniadau y bydd y sain yn ei wneud mewn eiliad. Po fwyaf amledd y sain, y mwyaf o ddirgryniadau y bydd yn eu gwneud bob eiliad, ac uchaf yw traw'r sain. Gall pobl glywed ystod eang o seiniau, o synau isel o 20 Hz i fyny, hyd at synau â thraw uchel oddeutu 20,000 Hz (20 kHz). Wrth i ni heneiddio, bydd ystod ein clyw'n mynd yn llai. Gall rhai anifeiliaid, megis cŵn, glywed synau sy'n uwch na 45 kHz, tra bydd ystlumod yn gallu clywed synau hyd at 120 kHz.

Mae'r twll y tu ôl i'r tannau'n rhoi agoriad i seinflwch y gitâr.

⬆ DIRGRYNIADAU DA

Bydd tonnau sain llawer o offerynnau cerdd yn dirgrynu drwy ddeunydd solid, megis pren, a thrwy'r aer. Bydd tannau gitâr acwstig, er enghraifft, yn creu tonnau sain yn yr aer. Nid yw'r tannau'n tarfu ar lawer iawn o aer, ac felly dydyn nhw ddim yn swnllyd iawn ar eu pennau eu hunain. Ond bydd y dirgryniadau hefyd yn teithio drwy gorff y gitâr – y seinflwch. Mae hyn yn mwyhau'r sain cyn iddi ddianc drwy'r seindwll.

Sbwng acwstig yn helpu i amsugno tonnau sain mewn stiwdio recordio.

◔ ADLEWYRCHU AC AMSUGNO

Bydd arwynebedd llyfn a chaled yn tueddu i adlewyrchu sain, gan beri i'r tonnau newid cyfeiriad. Pan geir atsain – sain yn cael ei chreu ac yna'i hadlewyrchu – bydd ychydig o oedi gan fod angen i'r tonnau sain deithio allan ac yn ôl. Bydd atsain yn aml yn dawelach na'r sain wreiddiol gan mai dim ond rhai o'r tonnau sain sy'n cael eu hadlewyrchu – caiff y gweddill eu hamsguno gan ddeunyddiau. Mae rhai deunyddiau meddal, sbwng, er enghraifft, yn amsugno tonnau sain yn dda.

◑ MICROFFON

Bydd microffon yn trawsnewid synau'n signalau trydanol. Yna, gall y rhain gael eu recordio, eu prosesu neu eu hanfon i fwyhadur er mwyn cynyddu osgled y sain cyn ei darlledu. Ceir sawl math gwahanol o feicroffon. Y tu mewn i'r model hwn, sef microffon cynhwysydd, bydd tonnau sain yn dirgrynu diaffram hyblyg. Mae'r diaffram yn rhan o gydran drydanol (cynhwysydd), a bydd yn dirgrynu i greu signal drydanol amrywiol, yn dibynnu ar leoliad y diaffram.

◕ CYSEINIANT

Mae gan y rhan fwyaf o wrthrychau solet amledd naturiol neu grŵp o amleddau lle byddan nhw'n dirgrynu. Dyma'u amledd cyseiniant. Os cynyrhchir sain o'r un amledd yn agos at y gwrthrych, gall godi egni oddi wrth y don sain a dirgrynnu'i hun. Gall gwydryn gwin grisial ddirgrynu ar ei amledd cyseiniant i'r fath raddau nes y bydd y gwydr yn plygu gormod, ac yn cracio a chwalu.

◔ SEINYDD

Bydd signalau trydanol o offeryn neu stereo'n cyrraedd coil metel seinydd gan beri iddo droi'n electromagnet sy'n cynhyrchu maes magnetig amrywiol. Mae'r maes hwn yn achosi i ddiaffram sy'n sownd wrth gôn papur neu blastig symud yn ôl ac ymlaen. Mae'r symudiad dirgrynol yn creu tonnau sain sy'n atgynhyrchu ac yn mwyhau'r seiniau gwreiddiol. Bydd cwpwrdd seinydd yn aml yn cynnwys mwy nag un seinydd, ynghyd â *tweeter* i atgynhyrchu seiniau uchel a *woofer* ar gyfer seiniau isel eu traw.

Bydd gwydryn gwin yn chwalu pan fydd sain uchel yn hafal â'i amledd cyseiniant

GWRES

Ffurf ar egni yw gwres. Bydd yn aml yn cael ei fesur mewn caloriau neu jouleau. Calori yw faint o wres sydd ei angen i godi tymheredd 1 gram o ddŵr 1 °C. Mae un calori'n hafal i 4.1855 joule. Trosglwyddir gwres o un corff i un arall oherwydd gwahaniaeth mewn tymheredd. Bydd gwres yn tueddu i symud o le cynhesach i le oerach. Gall gwres hefyd newid cyflwr sylwedd. Os gwresogir solid, er enghraifft, bydd yn dechrau ymdoddi a newid i gyflwr hylifol.

⊙ YMBELYDREDD

Bydd gronynnau llawn egni sy'n teithio ar ffurf tonnau'n trawsyrru egni drwy ymbelydredd (gweler tudalennau 92–93). Ymbelydredd isgoch yw ymbelydredd thermol (gwres) a drawsyrrir gan wrthrychau cynnes a phoeth. Po fwyaf poeth yw gwrthrych, y mwyaf o egni y bydd yn ei allyrru. Mae'r peth poethaf oll yng Nghysawd yr Haul, sef yr Haul ei hun, yn cynhesu'r Ddaear â llawer iawn o ymbelydredd isgoch.

Llenwir y balŵn ag aer poeth er mwyn i'r balŵn godi

⊙ EHANGU A CHYFANGU

Gall cynyddu'r gwres beri i bethau ehangu mewn maint. Bydd aer a wresogwyd gan losgydd balŵn aer poeth yn ehangu i lenwi'r balŵn. Mae'r aer poeth yn llai dwys na'r aer oer o'i gwmpas. O ganlyniad, mae'r aer poeth yn codi, gan gario'r balŵn yn ei sgil. Bydd gostyngiad mewn gwres yn gwneud i sylweddau gyfangu. Wrth gynllunio strwythurau mawr, fel pontydd, rhaid ystyried effaith ehangu a chyfangu ar ddeunyddiau'r strwythur o ganlyniad i newid mewn tymheredd.

⊙ MESUR GWRES

Mae tymheredd yn mesur pa mor gyflym mae moleciwlau'n symud mewn gwrthrych. Defnyddir thermomedr i fesur tymheredd. Bydd rhai'n dibynnu ar fercwri hylifol mewn cronfa fach, sy'n ehangu ac yn codi i fyny graddfa wrth gynhesu ac yn disgyn yn ôl wrth gywasgu ac oeri. Mae eraill yn electronig, ac yn defnyddio thermistor i fesur gwrthiant trydanol, sy'n cynyddu wrth i'r tymheredd godi. Gellir disgrifio tymheredd drwy ddefnyddio sawl graddfa dymheredd wahanol.

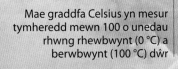

Mae graddfa Celsius yn mesur tymheredd mewn 100 o unedau rhwng rhewbwynt (0 °C) a berwbwynt (100 °C) dŵr

Mae 120 °F ar raddfa Fahrenheit yn gyfystyr â 48.89 °C

Barcutwyr yn codi ar geryntau darfudiad, sef aer cynnes yn cylchdroi

◑ DARFUDIAD

Gellir trosglwyddo gwres drwy broses a elwir yn ddarfudiad, pan gaiff ei gario drwy hylif, aer neu nwy arall. Os yw aer yn cael ei wresogi, bydd y moleciwlau sydd ynddo'n ymledu, bydd ei ddwysedd yn lleihau ac, o ganlyniad, bydd yn codi. Bydd aer oerach yn llifo i lenwi'r bwlch a bydd hwn yn ei dro'n cynhesu, tra bydd yr aer cynnes gwreiddiol yn colli ei wres ac yn dechrau disgyn. Mae'r patrwm hwn o gynhesu ac oeri'n creu ceryntau darfudiad sy'n cylchdroi yn yr aer.

Bydd dillad cynnes, fel y siaced blu hon, yn dal haenau o aer cynnes yn agos at y corff, gan arafu'r broses o golli gwres

◑ YNYSYDDION

Yr enw a roddir ar sylwedd sydd ddim yn gadael i wres fynd drwyddo'n hawdd yw ynysydd. Mewn sawl sefyllfa, mae angen dal y gwres a rhwystro neu arafu ei lif. Mae plastig, rwber a phren yn ynysyddion da ac fe'u defnyddir yn aml ar gyfer dolenni sosbenni er mwyn rhwystro gwres o'r sosban rhag llifo i fyny a llosgi dwylo'r cogydd. Mae aer hefyd yn ynysydd da. Bydd ffwr anifeiliaid yn dal aer cynnes yn agos at groen y creadur er mwyn ei gadw'n gynnes.

Mae gwres yn dargludo'n hawdd ac yn gyson drwy sosban fetel, a bydd dŵr yn berwi'n gyflym ynddi

◑ DARGLUDO

Dyma'r enw am y broses o drosglwyddo gwres drwy fater o ronyn i ronyn, o foleciwl i foleciwl. Mae solidau'n tueddu i fod yn well dargludwyr na nwyon oherwydd bod eu moleciwlau'n nes at ei gilydd. Wrth i'r moleciwlau sydd agosaf at ffynhonnell y gwres ennill egni a dirgrynu'n gryfach, maen nhw'n trosglwyddo rhywfaint o'u hegni i foleciwlau cyfagos. Mae metelau'n ddargludwyr gwres da iawn, ac fe'u defnyddir i wneud sosbenni, heyrn sodro ac elfennau gwresogi mewn poptai.

GOLAU

Tonnau electromagnetig sy'n cael eu taflu allan gan wrthrychau cynnes megis yr Haul neu fwlb golau yw golau gweladwy, ac mae'n ymddangos rhwng tonnau isgoch ac uwchfioled ar y sbectrwm electromagnetig. Gall rhai adweithiau cemegol, megis hylosgi, hefyd greu golau. Does dim byd yn teithio'n gyflymach na golau; mae'n symud mewn llinellau syth, gan ledaenu dros ardal gynyddol, ac yn lleihau mewn grym dros bellter. Yn wahanol i donnau sŵn, gall golau symud drwy wactod.

⬆ GADAEL Y GOLAU I MEWN

Mae rhai deunyddiau, megis gwydr y ffenest uchod, yn dryloyw. Maen nhw'n gadael i'r golau i gyd, bron, fynd drwyddynt. Nid yw deunyddiau di-draidd megis pren a metelau'n caniatáu i olau dreiddio drwyddynt. Yn achos deunyddiau di-draidd, megis hidlydd ar lens camera a phapur sidan, gall rhywfaint o olau dreiddio drwyddynt ond caiff y tonnau eu gwasgaru i bob cyfeiriad.

⬆ PLYGIANT

Bydd golau'n symud drwy ddeunyddiau neu gyfryngau gwahanol ar fuanedd gwahanol. Er enghraifft, bydd yn teithio'n ychydig arafach drwy ddŵr a gwydr na thrwy aer. Mae plygiant yn digwydd lle bydd golau'n plygu o ganlyniad i newid buanedd wrth iddo basio o un cyfrwng i un arall. Dyna pam y bydd pwll nofio'n tueddu i edrych yn fwy bas o'r ochr nag ydyw mewn gwirionedd. Bydd golau o waelod y pwll yn plygu wrth iddo adael y dŵr.

⬆ LASERAU

Pan fydd yr atomau mewn laser wedi'u cynhyrfu gan ffynhonnell o egni, byddan nhw'n allyrru ffotonau (gronynnau o olau). Mae gan bob ffoton yr un faint o egni, sy'n golygu bod laserau'n cynhyrchu paladr dwys iawn o olau ar un donfedd yn unig. Gall golau laser deithio'n bell iawn heb wanhau nac ymledu fawr ddim. Defnyddir laserau ar gyfer pob math o bwrpasau, gan gynnwys goleuo cyngherddau pop a chyfathrebu rhwng lloerennau.

Plygiant y golau sy'n gwneud i'r gwelltyn edrych fel pe bai wedi plygu lle mae'n mynd i mewn i'r dŵr

Mae lensiau ceugrwm yn helpu i gywiro myopia (golwg byr)

Bydd drychau gwastad, sgleiniog pêl fel hon yn adlewyrchu golau

Bydd golau gwyn yn gwahanu'n donfeddi o wahanol liwiau wrth basio drwy brism tryloyw

LLIW ❂

O fewn sbectrwm golau gweladwy ceir tonfeddi gwahanol sy'n dangos lliwiau gwahanol. Gan y lliw coch y ceir y donfedd hiraf, a fioled y fyrraf. Pan fydd golau'n taro gwrthrych lliw, bydd y gwrthrych yn amsugno'r lliwiau eraill ond yn adlewyrchu ei liw ei hun. Mae golau traffig yn goch am fod yr hidlydd coch yn amsugno'r lliwiau eraill a ddaw o'r lamp wen ond yn gadael i goch basio drwyddo.

⬆ ADLEWYRCHU

Pan fydd golau'n taro gwrthrych, gall y pelydrau gael eu hamsugno neu eu hadlewyrchu. Bydd gwrthrych solet du'n amsugno golau bron yn llwyr tra bydd arwyneb sgleiniog, llyfn, fel drych, yn adlewyrchu'r golau i gyd, bron. Pan fydd golau'n cael ei adlewyrchu oddi ar ddrych gwastad, bydd yr ongl yn hafal i ongl y golau pan drawodd y gwrthrych. Bydd arwyneb garw'n tueddu i adlewyrchu pelydrau ar onglau gwahanol, gan wasgaru'r golau.

☾ GOLAU TRYDAN

Gellir newid egni trydanol yn egni golau mewn sawl ffordd wahanol. Mewn bwlb golau gwynias, bydd cerrynt trydanol yn pasio drwy ffilament tenau, a wneir yn aml o dwngsten, sy'n cael ei wresogi ac yn pefrio, gan gynhyrchu golau. Mae bylbiau gwynias yn cael eu newid yn raddol gan oleuadau mwy dibynadwy ac effeithlon gan gynnwys lampau fflwrolau cryno (CFLs). Pan fydd trydan yn symud drwy'r nwyon yn y lampau hyn, bydd yn cynhyrchu golau uwchfioled, sy'n peri i arwyneb ffosffor y lamp dywynnu.

☾ LENSIAU

Bydd arwynebedd tryloyw, crwm, llathraidd, a elwir yn lens, yn newid cyfeiriad tonnau golau. Mae llawer iawn o ddefnydd i lensiau ym meysydd opteg a ffotograffiaeth. Mewn lens amgrwm, mae'r canol yn dewach na'r ymylon. Wrth basio drwy lens amgrwm, bydd tonnau'n cydgyfeirio (dod ynghyd). Defnyddir lensiau amgrwm i chwyddo delweddau. Mewn lens ceugrwm, mae'r canol yn deneuach na'r ymylon, ac mae'n gwasgaru neu'n dargyfeirio golau sy'n mynd drwyddo.

TRYDAN

Prin y gall yr un ffurf ar egni fod wedi cael mwy o effaith ar ein bywydau na thrydan. Mae pob deunydd yn cynnwys gwefrau positif a negatif. Fel arfer, bydd y rhain yn cydbwyso yn y rhan fwyaf o atomau, gan adael yr atom yn drydanol niwtral. Mae trydan yn cael ei greu pan fydd electronau'n rhydd i neidio o un atom i un arall, ond bod niwclews yr atom yn aros yn llonydd. Gall hyn ddigwydd mewn mellt, offer trydanol a thrwy nerfau sy'n rhedeg rhwng eich llygad a'ch ymennydd wrth i chi ddarllen hwn.

↻ TRYDAN CERRYNT

Llif o wefr drydanol yw cerrynt trydan. Oni bai fod dolen barhaus, ddi-dor y gall electronau lifo drwyddi, ni ellir cynnal cerrynt trydanol. Gall switsh trydanol mewn cylched dorri neu gyflawni dolen, gan atal cerrynt neu ganiatáu iddo deithio drwy gylched. Mesurir faint o electronau sy'n pasio pwynt penodol mewn cylched drydanol ar unrhyw un adeg mewn amperau neu Amps.

↻ YNYSYDDION

Y gwrthwyneb i ddargludyddion trydan yw ynysyddion. Mewn ynysyddion, mae'r electronau'n rhwym yn eu hatomau ac nid ydyn nhw'n rhydd i grwydro a llifo o un atom i un arall. Mae ynysyddion trydanol cyffredin yn cynnwys gwydr, rwber, plastig, pren a cherameg. Gorchudd plastig sydd dros y rhan fwyaf o geblau trydan mewn offer, ac mae ynysyddion ceramig a rwber yn cael eu defnyddio mewn ceblau trydan sy'n cario trydan ar draws y wlad ac i mewn i dai, er mwyn diogelu pobl rhag peryglon trydan foltedd uchel.

↺ STATIG

Pan fydd gan sylweddau ormod o wefrau positif neu negatif, byddan nhw'n ceisio cadw'n gytbwys drwy atynnu ei gilydd. Os rhwbiwch eich dwylo ar falŵn, er enghraifft, bydd y gwefrau trydanol sydd dros ben yn crynhoi ar wyneb y balŵn ac ar eich corff. Bydd y gwefrau'n aros yn statig (yn llonydd) nes iddyn nhw ganfod ffordd o ddianc. Os bydd gwefr statig yn crynhoi ar arwyneb eich gwallt, bydd yn sefyll i fyny'n syth. Mae gan bob blewyn o wallt yr un wefr, felly byddan nhw'n gwrthyrru ei gilydd.

Bydd gormod o drydan statig yn peri i wallt sefyll yn syth

PERYGL

FOLTEDD UCHEL

Rheolydd uchder sain ynghlwm wrth wrthydd newidiol

⏻ GWRTHIANT

Yr enw a roddir ar faint y bydd rhywbeth yn rhwystro llif cerrynt trydan yw gwrthiant. Mae gan ddargludyddion da wrthiant isel, tra bo gan ynysyddion wrthiant uchel iawn. Mae defnyddio gwrthydd yn ffordd o ychwanegu swm bwriadol o wrthiant i gylched drydanol. Mae modd eu gosod – eu rhoi ar wrthiant penodol – neu eu newid. Bydd gwrthydd newidiol yn newid y gwrthiant, er enghraifft pan fydd rhywun yn ei droi neu ei symud.

⏻ DARGLUDYDDION

Dim ond drwy ddeunydd sy'n caniatáu llif dirwystr o electronau y gall cerrynt trydan lifo. Yr enw am ddeunyddiau fel hyn yw dargludyddion. Mae metelau, yn enwedig arian, yn ddargludyddion trydan da. Bydd copr, sy'n rhatach nag arian, yn cael ei droi'n filiynau o gilometrau o wifren drydanol bob blwyddyn. Defnyddir lled-ddargludyddion, sy'n gallu cludo cerrynt, ond nid cystal â dargludydd, i wneud dyfeisiau megis transistorau. Mae'r rhain yn cael eu defnyddio i fwyhau neu switsio signalau trydanol.

⏻ DIAGRAMAU CYLCHED

Pan fydd ffynhonnell o bŵer trydanol, megis batri, yn sownd wrth gylched gyflawn, bydd electronau'n llifo o'r derfynnell negatif o gwmpas y gylched i derfynnell bositif y batri. Bydd cylched drydanol yn sianelu neu'n addasu llif y trydan i gyflawni tasg, wrth i rai cydrannau drawsnewid egni trydanol yn wres, golau, sain neu symudiad.

Llinell yn dangos wifren drydan neu stribed dargludol

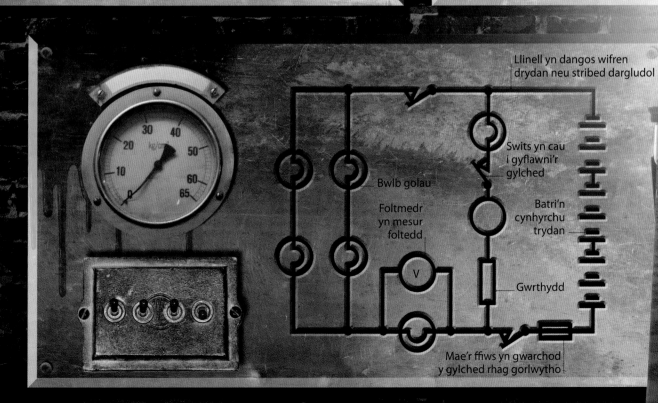

Bwlb golau

Foltmedr yn mesur foltedd

Swits yn cau i gyflawni'r gylched

Batri'n cynhyrchu trydan

Gwrthydd

Mae'r ffiws yn gwarchod y gylched rhag gorlwytho

MAGNETEDD

Grym sy'n gallu atynnu (denu) neu wrthyrru (gyrru i ffwrdd) rhai deunyddiau yw magnetedd. Mae rhai elfennau, gan gynnwys cobalt, haearn a nicel, yn cael eu hatynnu'n gryf gan rym magnetig ac fe'u gelwir yn fferomagnetig. Bydd atomau'r deunyddiau hyn yn trefnu eu hunain yn barod yn yr un cyfeiriad. Gellir troi elfennau sy'n cael eu hatynnu gan fagnetau hefyd yn fagnetau yn eu tro. Os tynnir magnet ar hyd ffon ddur dro ar ôl tro, bydd yn cynhyrchu ei grym magnetig ei hun.

⊙ ELECTROMAGNETAU AR WAITH

Gall yr electromagnet enfawr hwn sy'n sownd wrth graen godi a gollwng metel sgrap yn unrhyw le o gwmpas yr iard sgrap wrth bwyso botwm. Ceir electromagnetau mewn llawer o ddyfeisiau – o gloeon magnetig ar ddrysau i uchelseinyddion. Mewn trenau maglev, defnyddir grym gwrthyrrol magnetau i gadw'r trên yn hofran tua 10 mm (0.4 modfedd) uwchlaw ei drac. Heb ddim ffrithiant rhwng rhannau sy'n symud, gall trenau maglev deithio ar gyflymder mawr iawn.

Hytrawst dur trwm yn cael ei godi'n uchel gan electromagnet

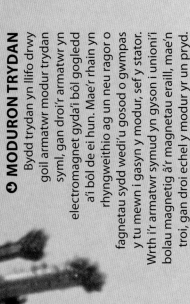

◆ MODURON TRYDAN

Bydd trydan yn llifo drwy goil armatwr modur trydan syml, gan droi'r armatwr yn electromagnet gyda'i bôl gogledd a'i bôl de ei hun. Mae'r rhain yn rhyngweithio ag un neu ragor o fagnetau sydd wedi'u gosod o gwmpas y tu mewn i gasyn y modur, sef y stator. Wrth i'r armatwr symud yn gyson i unioni'i bolau magnetig â'r magnetau eraill, mae'n troi, gan droi echel y modur yr un pryd.

Mae echel y modur trydan wedi'i gysylltu â'r armatwr y tu mewn i'r modur

Bydd cerrynt yn llifo drwy goil wifren gan greu maes magnetig

◆ ELECTROMAGNETEDD

Mae modd creu electromagnet drwy redeg cerrynt trydan drwy goil o wifren i gynhyrchu maes magnetig. Yn aml bydd y coil yn amgylchynu craidd haearn, ond gall fod yr un siâp â thoesen, gyda chraidd o aer; gelwir hwnnw'n solenoid. Gellir newid cryfder electromagnet drwy newid faint o gerrynt trydan sy'n llifo drwyddo.

Mae naddion haearn yn dangos patrwm y maes magnetig o gwmpas magnet bar

◆ ATYNNU A GWRTHYRRU

Yr enwau ar ddau ben magnet yw pôl de a phôl gogledd. Os torrir magnet bar hir yn ddau, daw'r ddau hanner yn fagnet cyfan newydd, gyda phôl gogledd a phôl de yr un. Pan fydd pôl de a phôl gogledd dau fagnet yn wynebu'i gilydd, cânt eu hatynnu at ei gilydd. Pan fydd pôl o'r un enw o ddau fagnet gwahanol yn agosáu, byddant yn gwrthyrru neu'n gwthio i ffwrdd oddi wrth ei gilydd.

Bydd yr un pôl mewn dau fagnet bar yn gwrthyrru ei gilydd

◆ MEYSYDD MAGNETIG

Yr enw a roddir ar yr ardal o gwmpas magnet lle gellir teimlo magnetedd yw'r maes magnetig. Mae'r maes magnetig gryfaf ger y polau. Po fwyaf a chryfaf yw magnet, y mwyaf yw ei faes magnetig. Bydd wifren sy'n cario cerrynt trydan yn cynhyrchu maes magnetig o gwmpas y wifren.

Mae nodwydd y cwmpawd yn pwyntio tuag y gogledd

◆ DAEAR MAGNETIG

Mae ceryntau trydanol yng nghraidd y Ddaear yn cynhyrchu maes magnetig. Mae'r maes hwn ar ei gryfaf ar bôl magnetig y gogledd a phôl magnetig y de (ger Pegwn y Gogledd a Phegwn y De, ond nid yn yr un lle yn union). Mae'r maes magnetig hwn yn ymestyn allan i'r gofod; yr enw arno yno yw'r magnetosffer. Bydd cwmpawd yn defnyddio magnet ar golyn, a bydd pôl gogleddol hwnnw'n pwyntio i gyfeiriad y gogledd magnetig.

DEFNYDDIO TRYDAN

Trydan sy'n gyrru ein bywyd. Mae'n bwysig oherwydd y gellir ei ddefnyddio i sawl pwrpas. Gellir ei storio mewn batrïau, ei yrru ar hyd gwifrau a cheblau i'r man lle bydd ei angen, a'i droi'n sawl math arall o egni gan gynnwys gwres, golau a symudiad corfforol. Yn ogystal â gyrru ystod enfawr o nwyddau trydanol, defnyddir trydan mewn llawer o brosesau cemegol a diwydiannol, gan gynnwys electrolysis, lle bydd cyfansoddyn yn cael ei ddadelfennu.

Ceblau pŵer yn trawsyrru trydan

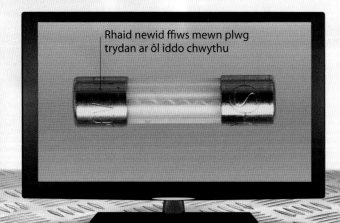

Gorsaf bŵer yn Tampa, Florida, sy'n cynhyrchu trydan drwy losgi glo

⊙ TRAWSYRRU PŴER

O orsaf bŵer, bydd trydan yn cael ei ddosbarthu drwy geblau pŵer i is-orsafoedd lleol ac yn ei dro i adeiladau unigol. Collir rhyw gymaint o egni wrth ei drawsyrru, ar ffurf gwres yn bennaf. I leihau'r colli egni hwn, trawsyrrir trydan ar foltedd uchel iawn a chaiff hwn ei drawsnewid cyn iddo ddod i mewn i'n cartrefi.

⊙ GORSAFOEDD TRYDAN

Cynhyrchir trydan mewn gorsafoedd trydan mawr, sy'n defnyddio amrywiol fathau o danwydd. Y math mwyaf cyffredin o orsaf drydan yw'r rhai sy'n llosgi tanwydd ffosil. Ond mae llosgi tanwydd ffosil yn rhyddhau nwyon sy'n llygru'r atmosffer, ac erbyn hyn defnyddir ffynonellau eraill o egni, sef egni solar, egni gwynt ac egni niwclear.

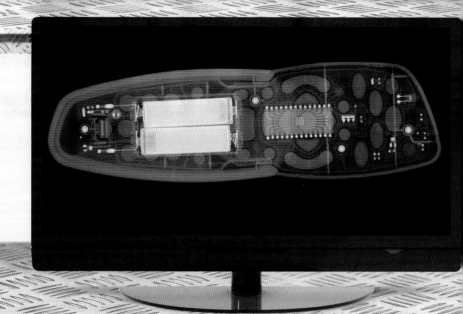

Rhaid newid ffiws mewn plwg trydan ar ôl iddo chwythu

⊙ FFIWSIAU A THORWYR CYLCHEDAU

Dyfeisiau diogelwch a osodir mewn cylched drydanol yw ffiwsiau a thorwyr cylchedau. Maen nhw'n rhwystro cerrynt sy'n rhy gryf rhag pasio drwy'r gylched a difrodi'r cydrannau trydanol. Mae ffiws yn cynnwys darn tenau o wifren sy'n torri os bydd y cerrynt yn rhy gryf. Mae torrwr cylched yn gweithredu yn yr un modd. Switsh sy'n diffodd y gylched ydyw a gellir ei ailosod yn hytrach na'i newid.

⊙ BATRÏAU

Storfeydd egni cemegol yw batrïau. Pan fyddant yn cael eu cysylltu â chylched drydanol gallant drawsnewid egni cemegol yn egni trydanol i yrru'r gylched. Gall celloedd eilaidd gronni trydan ac maen nhw'n ailwefradwy, ond mae'n rhaid cael gwared â chelloedd cynradd ar ôl i'w cemegion gael eu defnyddio i gyd. Mae'r batrïau cell cynradd sy'n rhoi pŵer i'r teclyn rheoli'r teledu yn cynnwys pen positif a phen negatif, sydd wedi'u gwahanu gan bast o alwminiwm clorid.

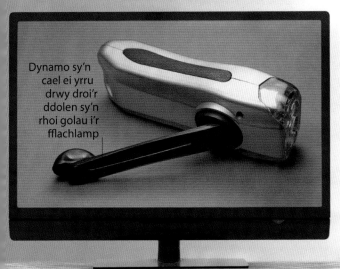

Dynamo sy'n cael ei yrru drwy droi'r ddolen sy'n rhoi golau i'r fflachlamp

⊙ NEWIDYDDION

Mae newidydd yn trawsnewid cerrynt o un foltedd i un arall. Defnyddir newidyddion codi mewn gorsafoedd trydan i gynyddu foltedd y trydan sydd i'w ddosbarthu. Ar ben arall y daith, mae newidyddion gostwng yn lleihau'r foltedd ar gyfer defnyddio trydan mewn tai a ffatrïoedd.

⊙ CERRYNT EILEDOL (CE) A CHERRYNT UNION (CU)

Cerrynt union (DC – *direct current*) yw'r cerrynt trydan a ddaw o fatri – dim ond mewn un cyfeiriad y bydd yn llifo. Mae cerrynt y prif gyflenwad trydan mewn cartrefi yn gerrynt eiledol (AC – *alternating current*). Yma, bydd llif yr electronau'n newid cyfeiriad 50–60 gwaith yr eiliad. Dim ond gyda thrydan CU y gall sawl dyfais drydanol weithio, fel y sychwr gwallt hwn. Maen nhw'n cynnwys addasydd sy'n trawsnewid yr CE o'r prif gyflenwad yn CU.

⊙ GENERADURON

Mae generadur yn trawsnewid egni mecanyddol yn egni trydanol. Gall generaduron fod yn ddyfeisiau enfawr, megis y rheiny sy'n rhedeg ar lif nwyon neu ddŵr mewn gorsaf drydan, neu'n fychan fel y dynamo sy'n cael ei droi gan olwyn beic i roi golau. Y tu mewn i'r rhan fwyaf o eneraduron bydd gwifren neu goil yn cael ei symud drwy faes magnetig; mae hyn yn cynhyrchu cerrynt trydanol drwy ddefnyddio egwyddor anwythiad electromagnetig.

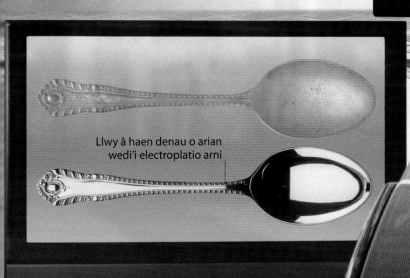

Llwy â haen denau o arian wedi'i electroplatio arni

⊙ CERBYDAU TRYDAN

Mae'r car trydan hwn wedi'i gysylltu â phwynt gwefru. Mae cerbydau trydan yn defnyddio nifer o fatrïau ailwefradwy i yrru moduron trydan. Nid ydyn nhw'n gwastraffu egni pan na fyddan nhw'n symud neu pan fyddan nhw'n sownd mewn traffig a does dim llygredd aer uniongyrchol yn deillio ohonynt, felly maen nhw'n addas iawn ar gyfer teithiau byr mewn dinasoedd.

⊙ ELECTROPLATIO

Er mwyn atal cyrydiad, gorchuddir rhai gwrthrychau â haen denau o fetel mewn proses a elwir yn electroblatio. Gosodir y gwrthrych sy'n cael ei orchuddio mewn bath sy'n cynnwys hydoddiant o'r gorchudd metel. Gyrrir trydan drwy'r gwrthrych, sy'n gweithredu fel electrod negatif ac yn atynnu ïonau positif y gorchudd.

CYMYLAU'R GREADIGAETH
Cymylau enfawr o nwy a llwch, deunydd crai ar gyfer adeiladu sêr newydd a chreu cysodau haul newydd, yw cynnwys Nifwl Orion, sydd tua 1,500 blwyddyn golau o'r Ddaear.

Y Gofod

Y BYDYSAWD

Mae'r Bydysawd yn cynnwys popeth. Mae'n cynnwys pob mater y gwyddom amdano, o'r gronyn atomig lleiaf i'r alaeth fwyaf. Mae gwyddonwyr yn amcangyfrif bod tua 10^{21} (1,000,000,000,000,000,000,000) o sêr yn y Bydysawd. Ac eto, gofod, yn llythrennol, yw'r rhan fwyaf ohono – bylchau rhwng gwrthrychau wybrennol. Cosmoleg yw'r enw am astudio'r Bydysawd, sut y bu iddo ddechrau, sut y datblygodd a beth allai ddigwydd iddo yn y dyfodol.

Y GLEC FAWR ⊙

Does neb yn gwybod i sicrwydd sut y dechreuodd y Bydysawd na beth oedd yno cynt, os oedd yna unrhyw beth. Y theori ddiweddaraf yw fod y Bydysawd, y gofod ac amser wedi ymledu'n gyflym iawn allan o un pwynt, tua 13.7 biliwn mlynedd yn ôl. Ar amrantiad, o ganlyniad i ymchwydd cosmig, gwelwyd y Bydysawd yn tyfu ar raddfa anhygoel o gyflym. O fewn munudau, trodd egni pelydrol yn ronynnau o fater.

⊙ OERI A CHYNHESU

Dros gyfnod o tua 300,000 mlynedd, daliodd y Bydysawd i ymledu ac oeri. Tua diwedd y cyfnod hwn, ffurfiwyd yr atomau sefydlog cyntaf o niwclei hydrogen a heliwm, wrth iddynt uno â phrotonau ac electronau. Tynnodd disgyrchiant nwyon yn gymylau; yna, cynhesodd y rhain, gan glymu gronynnau ynghyd, a ffurfio'r sêr a'r galaethau cynharaf.

⊙ BLYNYDDOEDD GOLAU

Mae angen mesurau mwy na milltiroedd a chilometrau ar seryddwyr i ddisgrifio'r pellteroedd enfawr a geir yn y gofod. Bydd golau'n teithio ar fuanedd o tua 300,000 km (186,000 milltir) yr eiliad. Felly, mae'n teithio 9,500,000,000,000 km (5,900,000,000,000 milltir) mewn blwyddyn. Gelwir y pellter hwn yn flwyddyn golau.

Proxima Centauri yw'r seren agosaf at Gysawd ein Haul ni. Mae tua 4.22 blwyddyn golau i ffwrdd.

⊙ GWELD Y GORFFENNOL

Pan fydd seryddwyr yn syllu ar wrthrych sydd bellteroedd maith i ffwrdd, maen nhw'n edrych ymhell yn ôl i'r gorffennol oherwydd ei bod hi'n cymryd miliynau o flynyddoedd i olau deithio ar draws y Bydysawd. Bydd galaeth a welir o bellter o 2 biliwn blwyddyn golau yn cael ei gweld fel yr oedd 2 biliwm o flynyddoedd yn ôl. Yn 2010, cafodd galaeth UDFy-38135539 (dde) ei darganfod. Mae dros 13 biliwn o flynyddoedd golau i ffwrdd.

Dyma'r alaeth bellaf a chynharaf a ddarganfuwyd erioed

Mewn tua dwy neu
dair rhan o driliwn
o eiliad, ymledodd y
Bydysawd o un pwynt
bach i faint galaeth

⊙ Y BYDYSAWD HEDDIW

Mae'r Bydysawd yn dal i ehangu heddiw a
chredir bod ei ddiamedr yn mesur dros 90
biliwn o flynyddoedd golau. Dim ond rhan
o'r stori a ddatgelir i seryddwyr gyda'r offer
gwyddonol sydd ganddyn nhw. Mae llawer
o'r Bydysawd wedi'i guddio oddi wrthym
ar ffurf egni tywyll a mater tywyll. Mae'r
ffenomenau dirgel hyn yn anweledig
i unrhyw delesgop ond gellir gweld
eu heffeithiau, er enghraifft tynfa eu
disgyrchiant ar sêr, galaethau a golau.

⊙ BYWYD ARALL?

Mae pobl wedi'u hudo gan y syniad y gall
fod bywyd yn rhywle arall yn y Bydysawd.
Oherwydd y pellterau enfawr, mae
hi'n gorfforol amhosib archwilio'r
gofod y tu hwnt i Gysawd ein
Haul ni – er enghraifft, bydd y
chwiliwr Pioneer, a lansiwyd
i'r gofod yn 1972, yn
cymryd rhyw ddwy filiwn
o flynyddoedd i gyrraedd
y seren Aldebaran. Felly,
mae seryddwyr yn defnyddio
telesgopau i geisio darganfod
ecsoblanedau (planedau y
tu allan i Gysawd yr Haul).

Plac ar y chwiliwr gofod
Pioneer 10 a anfonwyd
ymhell i'r gofod, yn dangos
pobl a lleoliad y Ddaear

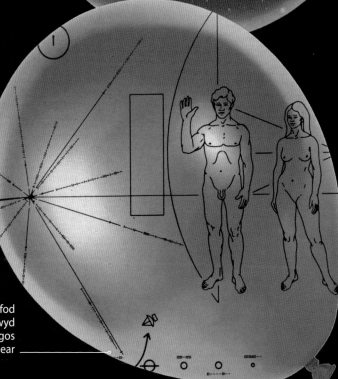

⊙ TYNGED Y BYDYSAWD

Does neb yn sicr sut y daw'r Bydysawd i ben.
Yn ôl theori'r Bydysawd agored, bydd yn dal i
ehangu am byth, gan beri i'r sêr a'r galaethau
farw yn eu tro a gadael y gofod yn ddiffeithwch
oer a thywyll. Yn ôl theori'r Bydysawd gwastad,
bydd yr ehangu'n arafu nes y bydd y grym
ehangu a grym disgyrchiant yn gytbwys.
Esbonnir y drydedd theori, Bydysawd
caeedig, isod.

Bydysawd agored

Bydysawd gwastad

Bydysawd caeedig
(gweler isod)

Rhaniad rhwng galaethau

Y Glec
Fawr

Amser

Dechreuodd
Galaethau'r
Antennae wrthdaro
yn erbyn ei gilydd dros
700 miliwn o flynyddoedd yn
ôl ac maen nhw'n cyfuno i
greu un alaeth fawr

⊙ GALAETHAU'N GWRTHDARO

Mae theori'r Bydsawd caeedig yn awgrymu y bydd y
Bydysawd yn peidio ag ehangu ac yn dechrau cyfangu.
Byddai hyn yn peri i alaethau wrthdaro yn erbyn ei gilydd a
chyddwyso tuag i mewn, hyd nes byddai'r Bydysawd cyfan
wedi crebachu'n un twll du enfawr – enw'r seryddwyr ar
hynny yw'r Crynsh Mawr. Ond os yw'r Bydysawd yn ehangu
neu'n crebachu, bydd grymoedd disgyrchiant yn sicr o
beri i alaethau wrthdaro.

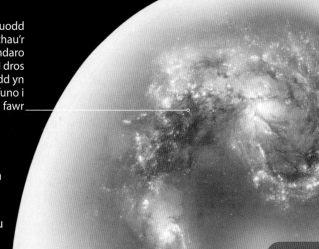

GALAETHAU A SÊR

Peli o nwy sy'n llosgi'n ffyrnig yw sêr, a bydd adweithiau niwclear grymus yn digwydd yn eu craidd. Mae'n bosib gweld tua 5,000 o sêr o'r Ddaear â'n llygaid yn unig, ond mae biliynau rhagor yn bodoli. Catalogiwyd a dosbarthwyd llawer o'r rhain gan seryddwyr. Er bod pellteroedd enfawr rhwng y sêr hyn, maen nhw wedi'u clymu ynghyd gan ddisgyrchiant yn systemau enfawr o'r enw galaethau. Mae galaethau hefyd yn cynnwys olion sêr, nwy a llwch. Mae o leiaf 125 biliwn o alaethau yn y Bydysawd, ac mae'n bosib fod llawer iawn mwy na hynny.

➔ SÊR
Bydd seryddwyr yn dosbarthu sêr yn saith math sbectrol, yn dibynnu ar ba dymheredd y byddan nhw'n llosgi. Math O yw'r poethaf, yna B, A, F, G, K, ac M yw'r oeraf. Seren math G yw'r Haul ond mae Rigel (dde) yn seren math B, tua 700–900 blwyddyn golau oddi wrth y Ddaear. Mae Rigel yn tywynnu filoedd lawer o weithiau'n fwy llachar na'r Haul.

➔ GALAETHAU SBIRAL
Mae galaethau sbiral yn debyg o ran siâp i ddisgen, gyda rhan dewach yn y canol a breichau crwm sy'n troelli tuag allan wrth i'r alaeth droelli. Math o alaeth sbiral yw'r Llwybr Llaethog, a dyna hefyd yw NGC 1309 (dde), a rhyw tri chwarter maint y Llwybr Llaethog, a rhyw 120 miliwn o flynyddoedd golau i ffwrdd. Mae Galaeth Andromeda hyd yn oed yn fwy. Mae ei diamedr yn mesur tua 220,000 blwyddyn golau, a gall fod yn cynnwys mil biliwn o sêr.

➔ Y LLWYBR LLAETHOG
Mae Cysawd yr Haul yn rhan Orion o alaeth y Llwybr Llaethog. Galaeth sbiral, farrog sy'n troelli yw'r Llwybr Llaethog; mae ei diamedr yn mesur tua 100,000 blwyddyn golau o led. Mae ein Haul ni tua 25,000 a 4,000 blwyddyn golau o ganol yr alaeth a dim ond un seren o blith rhwng 200 a 500 biliwn o sêr yn yr alaeth hon ydyw.

MAINT

Bydd seryddwyr yn mesur ac yn dosbarthu sêr mewn sawl ffordd. Un o'r mesurau mwyaf sylfaenol yw maint ymddangosol – pa mor llachar yw seren wrth edrych arni o'r Ddaear. Mae gan yr Haul, sef y gwrthrych mwyaf llachar yn yr awyr, faint ymddangosol o –26.8, a'r tair seren fwyaf llachar wedi'r Haul yw Siriws (–1.6), Canopws (–0.7) ac Alpha Centauri (0.1). Maint ymddangosol y sêr lleiaf llachar y gellir eu gweld â thelesgop optegol o'r Ddaear yw tua 30.

MATHAU O ALAETHAU

Bydd seryddwyr yn dosbarthu galaethau yn ôl eu siâp cyffredinol. Siâp eliptig hirgrwn neu sbiral, sydd i'r rhan fwyaf ohonynt, er enghraifft Andromeda (dde). Mae galaethau lensaidd ar ffurf disgiau fflat sy'n bolio yn y canol. Credir mai prin yw'r sêr newydd-anedig ynddynt. Galaeth lensaidd tua 45 miliwn blwyddyn golau oddi wrth y Ddaear yw NGC 5886 (chwith) ac fe'i gwelir ar ei ymyl o'r Ddaear. Mae un o bob pedair galaeth yn afreolaidd, h.y. nid oes patrwm neu ffurf amlwg iddyn nhw. Efallai mai'r rheswm dros hyn yw fod disgyrchiant o alaethau cyfagos yn eu tynnu o'u siâp. Mae'r rhan fwyaf o'r galaethau afreolaidd hyn yn cynnwys llawer o lwch, nwy a sêr ifanc iawn. Galaeth afreolaidd 12 miliwn blwyddyn golau oddi wrth y Ddaear yw NGC 4449 (uchod). Yn yr ardaloedd cochlyd y mae sêr newydd yn ymffurfio.

CLYSTYRAU O ALAETHAU

Bydd galaethau'n aml yn bodoli fel rhan o gasgliad a elwir yn glwstwr. Mae'r Llwybr Llaethog yn bodoli mewn clwstwr o'r enw'r Grŵp Lleol, ynghyd ag Andromeda, Canis Major Dwarf, Triangulum, Pisces a dros 40 galaeth arall. Galaethau corachaidd yw llawer o aelodau'r Grŵp Lleol, a dim ond yn ddiweddar y cawson nhw eu darganfod gan seryddwyr. Amcangyfrifir bod diamedr y Grŵp Lleol yn mesur tua 10 miliwn blwyddyn golau.

UWCHGLYSTYRAU

Nifer o glystyrau o alaethau sydd wedi ffurfio grŵp yw uwchglwstwr. Mae ein huwchglwstwr ni, Uwchglwstwr Firgo, yn cynnwys cynifer â 100 clwstwr o alaethau, gan beri ei fod yn 100 miliwn o flynyddoedd golau o ran maint. Amcangyfrifir bod rhai uwchglystyrau eraill, megis Perseus-Pisces, sydd dros 180 miliwn blwyddyn golau i ffwrdd, ryw dair gwaith yn fwy na hyn.

BYWYD A MARWOLAETH SEREN

Mae seren yn cael ei geni, yn datblygu, yn llewyrchu ac yn marw dros gyfnod o filiynau neu biliynau o flynyddoedd. Màs y seren fydd fel arfer yn penderfynu pa bryd y bydd yn dod i ddiwedd ei hoes gan fod sêr yn newid ac yn marw mewn ffyrdd gwahanol. Bydd marwolaeth seren yn gadael ffenomenau gwahanol ar ei hôl, ac mae'r rhain i gyd, gan gynnwys corachod gwyn a thyllau duon, yn cyfareddu seryddwyr.

❶ GENI SEREN

Mae'r rhan fwyaf o sêr yn cael ei geni mewn meithrinfeydd sêr enfawr o'r enw nifylau. Cymylau enfawr o nwy, hydrogen a heliwm, ynghyd â llwch, yw nifwl (nebula). Bydd tynfa disgyrchiant mewn rhannau mwy dwys o'r nifwl, weithiau o ganlyniad i ffrwydradau neu sêr cyfagos, yn peri i fater gasglu ynghyd a chynyddu mewn màs a thymheredd, gan greu ei ddisgyrchiant ei hun.

❷ CYNSEREN

Wrth i glwstwr mawr o nwy gywasgu a phoethi, bydd yn cael ei alw'n gynseren. Dyma ddarpar seren, efallai. Yn y pen draw, bydd y rhan fwyaf o gyn-sêr yn ddigon dwys a phoeth i gychwyn cadwyn o adweithiau niwclear yn ddwfn yn eu craidd gan beri i'r sêr ddechrau tywynnu. Bydd y ffrwydrad cyntaf hwn o egni'n chwythu'r llwch a'r nwy sy'n amgylchynu'r sêr cynnar hyn i ffwrdd.

❸ SÊR PRIF DDILYNIANT

Mae'r prif ddilyniant yn gyfnod hir, sydd fel arfer yn para biliynau o flynyddoedd; yn ystod y cyfnod hwn bydd seren yn cynhyrchu egni drwy ymasiad niwclear, gan droi hydrogen yn heliwm yn ei chraidd. Yn achos sêr sy'n cynnwys hyd at dair gwaith màs ein Haul ni, bydd y prif ddilyniant yn para tua 90% o'u hoes. Mae'r Haul wedi bod yn ei brif ddilyniant am dros 4 biliwn o flynyddoedd.

❺ CEWRI AC UWCH-GEWRI

Pan fydd seren yr un maint â'r Haul wedi defnyddio'r rhan fwyaf o'r tanwydd hydrogen sydd yn ei chraidd, bydd yn chwyddo i fod yn gawr coch. Pan fydd sêr mwy fyth, tua wyth gwaith neu ragor yn fwy o ran màs na'n Haul ni, yn dechrau chwyddo cânt eu galw'n uwch-gewri. Seren uwch-gawraidd goch yw Betelgeuse (a elwir hefyd yn Alpha Orionis). Pe bai hon yn lle'r Haul yn ein cysawd ni, byddai mor enfawr nes peri bod ei hatmosffer allanol yn ymestyn y tu hwnt i'r Belt Asteroidau.

❻ DIFLANNU'N DDIM

Nid yw pob cynseren yn meddu ar ddigon o fàs i gychwyn adweithiau niwclear a throi'n seren. Bydd y rhain yn cynhyrchu llai o egni drwy gyfrwng cyfangiad cyson. Yr enw ar y sêr aflwyddiannus hyn yw corachod brown. Byddan nhw'n pelydru'r hyn sy'n weddill o'u gwres i'r gofod, gan bylu'n raddol hyd nes bod dim egni ar ôl ganddyn nhw. Bryd hynny, cânt eu galw'n gorachod duon.

❼ NIFWL PLANEDOL

Ar ôl gorffen y prif ddilyniant, bydd sêr sydd tua'r un maint â'r Haul yn dechrau dymchwel, gan gynyddu mewn dwyster a thymheredd. Yna bydd y sêr yn chwyddo'n enfawr, cyn diosg eu haenau allanol ar ffurf cymylau enfawr o nwy. Bydd y cymylau'n oeri i ffurfio nifwl planedol, gan amgylchynu gweddillion y seren, a elwir yn gorrach gwyn. Ers darganfod Nifwl Dumbbell yn 1764, llwyddwyd i ddarganfod ar dros 3,000 nifwl planedol.

❽ CORACHOD GWYN

Gallai corrach gwyn fod wedi dod i ddiwedd ei stôr o danwydd hydrogen neu heliwm i'w llosgi yn ei graidd, ond bydd yn dal i dywynnu am filiynau lawer o flynyddoedd. Gall corachod gwyn amrywio o ran lliw o wynias i goch claear. Mae gwyddonwyr yn amcangyfrif bod corrach gwyn arferol mor ddwys fel y byddai llond llwy de o'i fater yn pwyso tua 5 tunnell fetrig. Yn yr un modd â chorachod brown, bydd corachod gwyn yn pylu'n raddol a throi'n gorachod duon.

❾ UWCHNOFA

Wrth i rai sêr enfawr farw, bydd eu craidd yn crebachu'n gyflym a bydd y tymheredd yn codi filiynau o raddau. Bydd y craidd yn amsugno mwy a mwy o egni cyn ffrwydro mewn ffrwydrad enfawr. Yn ystod 10 eiliad cyntaf ffrwydrad uwchnofa arferol, cynhyrchir tua 100 gwaith mwy o egni nag y bydd ein Haul yn ei gynhyrchu drwy gydol ei fywyd.

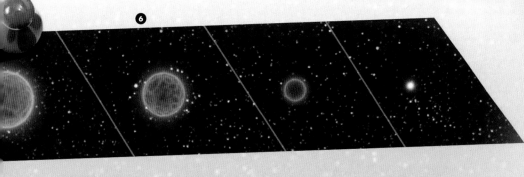

❿ SEREN NIWTRON

Bydd marwolaeth rhai sêr enfawr yn peri i'r craidd ddymchwel i mewn arno'i hun i ffurfio seren niwtron – y seren leiaf a dwysaf y gwyddom amdani yn y Bydysawd. Er bod ei diamedr yn mesur llai na 20 km (12 milltir), mae seren niwtron yn cynnwys yr un màs â'r Haul. Bydd seren niwtron sy'n chwyrlïo'n gyflym yn allyrru tonnau radio, a gallwn eu canfod ar y Ddaear. Yr enw ar seren fel hon yw pylsar.

⓫ TWLL DU

Bydd rhai sêr yn dymchwel ymhellach, i bwynt dwys iawn a elwir yn hynodyn. Gelwir y gofod o amgylch hynodyn yn dwll du. Mae mor ddwys ac mae tynfa disgyrchiant mor gryf ynddo fel nad oes dim yn gallu dianc ohono, hyd yn oed golau. Nid oes modd i seryddwyr arsyllu ar dwll du yn uniongyrchol, dim ond edrych ar ei effeithiau ar wrthrychau sy'n agos ato, er enghraifft nwy sy'n cael ei dynnu i'r twll, sydd weithiau'n rhyddhau pelydrau X grymus.

CYSAWD YR HAUL

Prif nodwedd Cysawd ein Haul yw seren danllyd yn ei chanol: yr Haul. Mae'r seren hon yn cynnwys 99.8% o fàs yr holl gysawd. Bydd asteroidau, planedau a gwrthrychau eraill sy'n cael eu tynnu gan dynfa enfawr disgyrchiant yr Haul yn teithio ar hyd llwybrau eliptigol o'i gwmpas. Bydd hyd un cylchdro'n amrywio o ran amser, yn dibynnu ar y gwrthrych. Mae'r blaned fechan Plwton yn cymryd 248 blwyddyn Daear i gylchdroi'r Haul un waith, tra bo Mercher yn troi o gwmpas yr Haul mewn 88 diwrnod Daear.

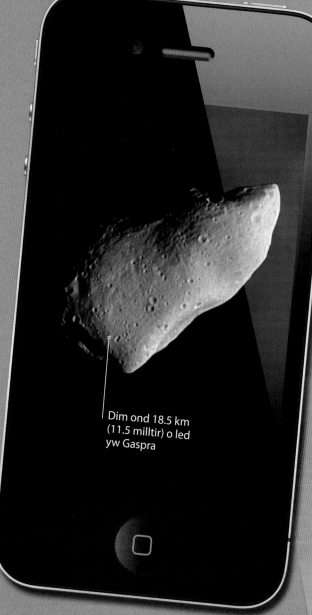

Dim ond 18.5 km (11.5 milltir) o led yw Gaspra

⬆ Y BELT ASTEROIDAU

Darnau o graig a metel sy'n troi o gwmpas yr Haul yw asteroidau. Ceir naw o bob deg asteroid mewn belt sydd rhwng Mawrth ac Iau. Mae llawer o seryddwyr yn credu mai olion planed a fethodd ffurfio ydyn nhw. Mae diamedr yr asteroid mwyaf, Ceres, yn mesur 974 km (609 milltir) ond mae'r rhan fwyaf yn llawer llai na hynny.

⬇ Y PLANEDAU

Mae wyth prif blaned yn troi o gwmpas yr Haul. Neifion yw'r pellaf o'r Haul, cymaint â 4.54 biliwn km (2.84 biliwn milltir) i ffwrdd. Mercher, y blaned leiaf, yw'r agosaf at yr Haul, tua 46 miliwn km (29 miliwn milltir) oddi wrtho. O ganlyniad, gall y tymeredd ar wyneb y blaned hon gyrraedd dros 430 °C (800 °F). Ond credir mai Gwener, a'i hatmosffer trwchus yn ei hynysu, yw'r blaned boethaf, tua 465 °C (870 °F). Yn atmosffer Neifion y mae'r gwyntoedd cyflymaf yng Nghysawd yr Haul; yno bydd stormydd yn rhuo ar gyflymder dros 2,100 km yr awr (1,300 mya).

Haul

Mercher

Gwener

Y Ddaear

Mawrth

Iau

Sadwrn

⬅ BYDOEDD CREIGIOG

Mae gan y pedair planed fewnol – Mercher, Gwener, y Ddaear a Mawrth –graidd metel a chramen greigiog. Daw lliw coch Mawrth (chwith) o'i phridd, sy'n llaw o ocsid haearn. Carbon deuocsid yw prif gynhwysyn atmosffer Gwener, gyda rhyw gymaint o lwch sylffwr a dafnau o asid sylffwrig. Fel ein Lleuad ni, mae arwyneb Mercher yn llawn o graterau.

Y blaned gorachaidd
Eris, gyda'r Haul
yn y cefndir

Uranus

Neifion

◑ CEWRI NWY

Peli enfawr o nwy yw'r pedair planed allanol. Does ganddyn nhw ddim arwyneb allanol solet, ond credir bod gan bob un ohonynt graidd solet. Mae'r cewri nwy hyn yn wirioneddol enfawr o'u cymharu â'r pedair planed greigiog. Mae'r mwyaf, Iau, yn mesur 142,984 km (88,846 milltir) ar draws – dros 11 gwaith diamedr y Ddaear. Mae gan bob un o'r cewri nwy hyn gylchoedd mater o'u cwmpas, er mai o gwmpas Sadwrn (isod) y maen nhw'n fwyaf amlwg.

◔ KUIPER BELT

Mae'r Kuiper Belt yn ymestyn allan heibio i Neifion ac i'r gofod pell, ar ffurf disg enfawr. Mae'n cynnwys miloedd o wrthrychau creigiog neu rewllyd, â diamedr llawer ohonynt yn mesur rhwng 50 a 100 km (30–60 milltir). Mae'n cynnwys planedau corachaidd megis Plwton. Darganfuwyd planed corachaidd newydd, Eris, yn y belt yn 2005, ac mae'n mesur tua 2,500 km (1,550 milltir) ar draws. Mae ei lleoliad presennol yn ei rhoi ar lwybr cylchdroi sydd rhyw dair gwaith yn bellach o'r Haul na Phlwton.

Creithiau
llosgfynyddoedd
wedi echdorri'n
gorchuddio wyneb Io

◓ LLOERENNI NATURIOL

Mae dros 160 o loerenni naturiol neu leuadau'n bodoli yng Nghysawd yr Haul, pob un ohonynt yn troi o gwmpas planed. Mae gan Fawrth ddau, Phobos a Deimos, ac mae dros 60 lleuad yr un gan Sadwrn ac Iau. Ganymede, sy'n troi o gwmpas Iau, yw'r lleuad fwyaf; mae ei diamedr yn mesur 5,268 km (3,293 milltir) ac mae'n fwy na'r blaned Mercher. Mae sawl lleuad o ddiddordeb mawr iawn i seryddwyr. Yn eu plith y mae Io (uchod), y gwrthrych folcanig mwyaf actif yng Nghysawd yr Haul, a Triton, lleuad fwyaf Neifion, sydd â chramen o nitrogen wedi rhewi'n solet.

HAUL A LLEUAD

Yr Haul yw ein seren agosaf a'r Lleuad yw'r gwrthrych wybrennol agosaf atom. Mae diamedr yr Haul yn mesur 1.392 miliwn km (865,000 milltir), dros 109 gwaith mwy na'r Ddaear. Mae'r sffêr enfawr hwn o nwyon eithriadol o boeth yn cynhyrchu symiau rhyfeddol fawr o egni yn ei graidd. Mae'r egni'n teithio drwy haenau'r Haul ac allan i Gysawd yr Haul, gan gynhesu ein planed a galluogi bywyd i ffynnu.

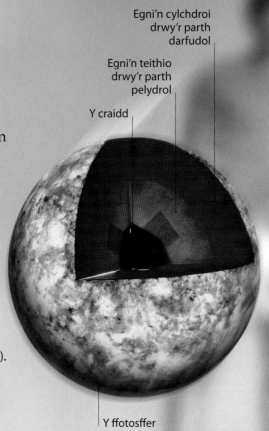

Egni'n cylchdroi drwy'r parth darfudol

Egni'n teithio drwy'r parth pelydrol

Y craidd

Y ffotosffer

◑ ADEILEDD YR HAUL

Mae'r Haul yn cynnwys nifer o haenau, gan ddechrau gyda chraidd eithriadol ddwys ond llawn o nwy sy'n cynnwys tua chwarter diamedr yr Haul. Mae egni'n pasio drwy barthau darfudol a phelydrol yr Haul, ac o'u cwmpas, cyn cyrraedd y ffotosffer, sydd tua 500 km (300 milltir) o drwch. Dyma arwyneb yr Haul, lle bydd y tymheredd ar gyfartaledd yn 5,700 °C (10,300 °F). Tu hwnt i'r ffotosffer mae'r atmosffer mewnol poethach, neu'r cromosffer, ac yna'r corona, sef yr atmosffer allanol.

◑ FFWRNAIS SOLAR

Hydrogen yw bron i dri chwarter màs yr Haul. Heliwm yn bennaf yw'r gweddill. Mae gwasgedd enfawr a thymheredd sy'n cyrraedd miliynau o raddau yn y craidd yn achosi adweithiau ymasiad niwclear enfawr. Mae'r rhain yn trawsnewid atomau hydrogen yn heliwm – gan gynhyrchu llawer iawn o egni o ganlyniad.

Hydrogen

Hydrogen

Heliwm

◑ SMOTIAU A FFLERAU

Ardaloedd llai poeth na'r parthau o'u cwmpas ar wyneb yr Haul yw smotiau Haul. Maen nhw'n cael eu hachosi gan ymyrraeth oddi wrth faes magnetig yr Haul ei hun. Roedd un smotyn haul a gofnodwyd yn 2003 (isod, gwaelod) yn mesur cymaint â diamedr 15 Daear. Ffrwydrad enfawr o egni o arwyneb yr Haul yw fflêr solar.

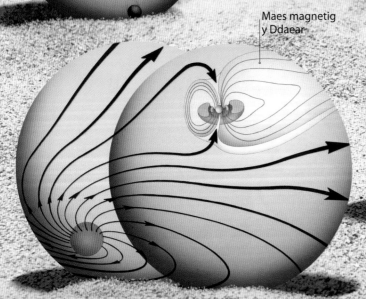

Maes magnetig y Ddaear

◑ GWYNT SOLAR

Caiff llif o ronynnau eu taflu allan yn gyson o'r Haul. Mae'r gronynnau hyn yn cario meysydd trydanol a magnetig cryf wrth iddyn nhw ymledu ar draws Cysawd yr Haul. Mae maes magnetig y Ddaear (uchod) yn cael ei siapio gan y gwynt solar, gan ymestyn oddi wrth yr Haul ar siâp deigryn.

Y smotyn Haul mwyaf a welwyd â'r chwiliwr SOHO

◑ ASTUDIO'R HAUL

Un o'r chwilwyr solar mwyaf llwyddiannus oedd SOHO (*Solar & Heliospheric Observatory*) – yr Arsyllfa Solar a Heliosfferig (uchod). Cafodd ei lansio i'r gofod yn 1995 ac mae pob un o'i 12 prif offeryn gwyddonol yn dal i astudio adeiledd yr Haul gan ddarparu data cyson a chaniatáu i seryddwyr ar y Ddaear rag-weld patrymau gweithgarwch solar.

◑ GWEDDAU'R LLEUAD

Mae un ochr i'r Lleuad bob amser mewn tywyllwch, tra bo'r ochr arall yn cael ei goleuo gan yr Haul, yn yr un modd â'r Ddaear. Mae faint o'r Lleuad a welwn ni wedi'i oleuo gan yr Haul o'r Ddaear yn newid bob dydd, a disgrifir hyn fel gweddau'r Lleuad. Mae'n amrywio o Leuad newydd, pan fydd y Lleuad rhwng yr Haul a'r Ddaear a golau'r Haul yn disgyn ar yr ochr bellaf yn unig, hyd at Leuad lawn pan welwn ni bob rhan o'r Lleuad sy'n cael ei goleuo gan yr Haul am fod y Lleuad yr ochr arall i'r Ddaear i'r Haul. Bydd cylch cyfan o weddau'r Lleuad yn cymryd 29.53 diwrnod.

◑ Y LLEUAD

Mae'r Lleuad yn troi o gwmpas y Ddaear ar bellter cyfartalog o 384,000 km (238,000 milltir). Mae ei ddiamedr tua chwarter diamedr y Ddaear. Nid oes gan y Lleuad atmosffer, na dŵr ar yr wyneb, ac mae'r tymheredd yno'n amrywio o fod yn grasboeth yn y dydd i fod yn rhewllyd iawn yn y nos. Gorchuddir llawer o arwyneb y Lleuad gan flanced o bridd rai metrau o ddyfnder, cymaint â 10 m (33 troedfedd) mewn ardaloedd mynyddig.

Mae'r Lleuad ar ei chynnydd wrth i'r gweddau gynyddu, ac ar ei chil wrth iddynt fynd yn llai

Fel arfer, ceir dau lanw uchel bob dydd

◑ Y LLANW

Tynfa disgyrchiant y Ddaear sy'n cadw'r Lleuad i droi o gwmpas y blaned ond mae gan y Lleuad ei disgyrchiant ei hun, sy'n effeithio ar y Ddaear. Mae dŵr yng nghefnforoedd y blaned yn cael ei dynnu tuag at y Lleuad. Mae disgyrchiant y Lleuad creu dau ymchwydd yn y dŵr bob ochr i'r Ddaear. Wrth i'r blaned droi ar ei hechel, mae'r ddau ymchwydd dŵr yn symud o gwmpas y Ddaear, gan achosi i lefel y môr godi a disgyn. Dyma'r llanw.

ARWYNEB Y LLEUAD ◑

Wrth i'r Lleuad deithio o gwmpas y Ddaear, mae hefyd yn troi ar ei hechel. Mae'n cymryd yr un faint o amser i droi unwaith ar eich hechel ag y mae i gylchdroi'r Ddaear, a dyna pam y byddwn ni wastad yn gweld yr un 'wyneb'. Mae'r ochr hon i'r Lleuad yn cynnwys llawer o wastadeddau (maria), dyffrynnoedd dwfn (rhigolau), a channoedd o graterau lle cafodd yr arwyneb ei daro. Mae'r crater mwyaf, Bailly, dros 295km (180 milltir) o led. Roedd yr ochr arall i'r Lleuad yn ddirgelwch llwyr nes i chwilwyr gofod ddechrau tynnu lluniau o'r arwyneb yn 1959.

ASTEROIDAU, METEORYNNAU A CHOMEDAU

Nid dim ond y planedau a'u lleuadau a geir yng Nghysawd yr Haul. Mae llawer iawn o wrthrychau eraill yn troi o gwmpas yr Haul. Mae rhai, megis y miliynau o fân feteoroidau, yn mesur llai na metr ar draws. Gall diamedr eraill, fel yr asteroidau mwyaf, Ceres, Pallas a Vesta, fesur cannoedd o gilometrau; a gall cynffon comed ymestyn am filiynau o gilometrau y tu ôl i'w gnewyllyn. Credir mai olion planed a fethodd oroesi yw llawer o'r asteroidau yng Nghysawd yr Haul.

Asteroidau Troeaidd

Ilau

Y Ddaear

Mawrth

Haul

Belt asteroidau

Asteroidau Troeaidd

⊙ ASTEROIDAU

Darnau o graig neu fetelau creigiog yw asteroidau. Llwyddwyd i restru dros 210,000 ohonynt a rhoddwyd enw ar o leiaf 15,000 ohonynt, ond dim ond ychydig sydd wedi cael eu harchwilio'n fanwl gan chwiliwr gofod. Un o'r asteroidau sy'n ddigon llachar i'w weld â'r llygad noeth yw Vesta, y trydydd asteroid mwyaf yn y belt asteroidau.

Mae'r asteroid Eros yn mesur 34.4 km (21.5 milltir) o hyd

⊙ METEORAU

Darnau bach o graig, llwch a metel sy'n treiddio i atmosffer y Ddaear yw meteorau. Darnau bach o asteroidau yw'r rhan fwyaf ohonynt ond mae rhai'n ddarnau gwastraff o'r Lleuad, Mawrth neu o gomedau. Bydd y rhan fwyaf o feteorau'n llosgi'n ddim yn yr atmosffer o fewn eiliadau, gan adael llinellau o olau ar draws awyr y nos. Byddwn ni'n galw'r rhain yn sêr gwib.

Mae casgliad, neu gawod, o feteorynnau, yn goleuo rhan o awyr y nos

⊙ Y BELT ASTEROIDAU

Ceir tua 90% o'r holl asteroidau mewn belt lydan rhwng Mawrth ac Iau, 248–598 miliwn km (154–392 miliwn milltir) o'r Haul. Mae'r rhan fwyaf o'r asteroidau hyn yn mesur llai na chilometr ar draws, ond mae ambell un yn llawer mwy. Yn 2009–10, canfuwyd bod gan ddau o asteroidau'r belt – 65 Cbele a 24 Themis – iâ ar eu harwyneb. Mae dau grŵp o asteroidau, sef y Troeaidd, yn dilyn yr un llwybr o gwmpas yr Haul ag Iau.

⊙ COMEDAU

Mae comed yn cynnwys cnewyllyn solet wedi'i amgylchynu gan gwmwl o lwch a nwy o'r enw'r coma. Gelwir y cnewyllyn yn gaseg eira fudr weithiau, ac mae wedi'i wneud o ddŵr wedi rhewi, craig, metel a charbon. Wrth i gomed nesu at yr Haul, bydd gwres yn anweddu neu'n sychdarthu rhywfaint o'r iâ yn nwy, gan gynyddu maint y coma, a pheri iddo ymestyn a thyfu'n gynffon y gomed.

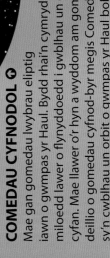

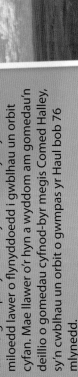

Roedd modd gweld Comed Hale-Bopp o'r Ddaear am 18 mis (1995–97)

⊙ COMEDAU CYFNODOL

Mae gan gomedau lwybrau eliptig iawn o gwmpas yr Haul. Bydd rhai'n cymryd miloedd lawer o flynyddoedd i gwblhau un orbit cyfan. Mae llawer o'r hyn a wyddom am gomedau'n deillio o gomedau cyfnod-byr megis Comed Halley, sy'n cwblhau un orbit o gwmpas yr Haul bob 76 mlynedd.

☉ PLANEDAU CORACHAIDD

Yn 2006, diraddiwyd Plwton o fod yn un o naw prif blaned Cysawd yr Haul i statws planed corachaidd. Gwrthrychau wybrennol sy'n sylfaenol ar siâp sffêr ydynt; maen nhw'n troi o gwmpas yr Haul ac nid unrhyw blaned arall, ond yn rhy wan o ran tynfa'u disgyrchiant i glirio llwybr rhag malurion. Planedau corachaidd eraill yw Makemake, Eris a Haumea sydd yn Kuiper Belt, a Ceres, yr asteroid mwyaf.

GWRTHDRAWIAD! ☉

Pan fydd meteoryn neu gomed yn taro'r Ddaear, mae'n gadael ôl ar ffurf crater. Oherwydd cyflymder y gwrthdrawiad, fel arfer bydd y crater yn llawer mwy na'r gwrthrych a drawodd yn erbyn y ddaear. Ffurfiwyd Meteor Crater yn nhalaith Arizona yn yr Unol Daleithiau (dde) tua 50,000 o flynyddoedd yn ôl. Mae'n mesur 1.2 km (0.75 milltir) ar draws, ond dim ond 30 metr (100 troedfedd) oedd lled yr asteroid a'i creodd.

METEORYNNAU ☉

Bydd ambell feteor mawr yn llwyddo i deithio drwy'r atmosffer a disgyn i'r Ddaear fel meteoryn. O'u cymharu â meteorau, prin yw digwyddiadau'n cynnwys meteorynnau; cofnodir tua 400–900 gwrthdrawiad bob blwyddyn. Maint dwrn yw'r rhan fwyaf o feteorynnau sy'n goroesi, ond darganfuwyd ambell enghraifft o rai mwy; cafwyd yr un mwyaf yn Hoba West, Namibia, oedd yn pwyso dros 60 tunnell fetrig.

Plwton, fel y gwelwyd ef gan Delesgop Gofod Hubble

119

GWELD I'R GOFOD

Roedd pobl mewn sawl diwylliant hynafol yn seryddwyr o fri, a'r gallu ganddynt i ddilyn llwybrau cyrff wybrennol ar draws awyr y nos heb ddim ond llygaid i'w gweld. Pan ddyfeisiwyd y telesgop optegol yn yr 17eg ganrif, daeth hi'n bosib gweld mwy, er enghraifft lleuadau Iau. Yn ystod yr 20fed ganrif, datblygwyd telesgopau optegol mwy nerthol, lansiwyd arsyllfeydd i'r gofod, a daeth yn bosib casglu a dadansoddi tonnau electromagnetig eraill o'r gofod, megis tonnau radio, pelydrau gama, pelydrau X a phelydrau isgoch.

❍ ADLEWYRCHIAD A PHLYGIANT

Bydd telesgopau optegol yn casglu golau gweladwy o'r gofod. Maen nhw naill ai'n adlewyrchu neu'n plygu'r golau. Telesgopau plygiant oedd y rhai cynharaf, ac fe gawson nhw eu llunio drwy roi dau lens sbectol, un o flaen y llall, mewn tiwb. Mae telesgop plygiant yn defnyddio lensiau i gasglu a phlygu golau er mwyn creu delwedd sydd wedi'i chwyddo. Mae'n anodd adeiladu lensiau mawr ac maen nhw'n achosi egwyriant cromatig, sy'n creu ymylon lliwgar o gwmpas delwedd. Ar y llaw arall, bydd telesgop adlewyrchol yn defnyddio drychau mawr, hynod lyfn. Agorfa, neu adwy, o hyd at 7 mm (0.3 modfedd) sydd gan lygad i adael i olau fynd i mewn iddi, ond mae agorfa rhai telesgopau adlewyrchol yn mesur rhai metrau.

Mae diamedr dysgl telesgop radio Arecibo'n mesur 305 m (1,015 troedfedd)

Ail ddrych ar ongl yn cyfeirio at y sylladur

Golau'n mynd i mewn i'r telesgop adlewyrchol

Telesgop adlewyrchol

Llygad

Prif ddrych ceugrwm, yn plygu'r golau a'i anfon i gyfeiriad yr ail ddrych

Llygad

Sylladur yn chwyddo'r ddelwedd

Telesgop plygiant

Golau'n cael ei ffocysu drwy lens y gwrthrychiadur

Golau'n cael ei gasglu ynghyd gan agorfa'r telesgop

⊕ TELESGOPAU RADIO

Gellir casglu tonnau radio o'r gofod, eu mwyhau a'u hastudio ar ffurf delweddau electronig. Dechreuodd seryddiaeth radio yn 1932 pan ddarganfu Karl Jansky statig radio'n dod o'r Llwybr Llaethog. Ers y cyfnod hwnnw, mae dysglau radio mwy neu res o ddysglau wedi'u cysylltu ynghyd wedi darganfod pylsarau (gweler tudalen 113), tonnau radio o gwasarau a sêr yn ffrwydro, ac wedi archwilio ymbelydredd cefndirol microdonnau cosmig.

Delwedd Chandra o
weddillion uwchnofa
oedd wedi ffrwydro

❯ ARCHWILIO TONNAU ERAILL

Cesglir tonnau electromagnetig, tonnau
uwchfioled a phelydrau X er enghraifft, gan offer
seryddol ar y ddaear neu yn y gofod. Lansiwyd Arsyllfa Chandra i'r
gofod yn 1999 ac mae'n dal i gasglu delweddau o weddillin sêr sydd
wedi ffrwydro, a'r nwyon sy'n amgylchynu pylsarau a thyllau duon.

⟲ SERYDDIAETH ISGOCH

Addaswyd y Boeing 747SP hon i gario SOFIA, yr arsyllfa
fwyaf yn yr awyr yn y byd. Yn 2010, dechreuodd SOFIA
astudio ffynonellau isgoch o'r gofod. Mae llawer o
wrthrychau yn y Bydysawd yn rhy oer ac aneglur i'w
gweld mewn golau gweladwy, ond gellir arsyllu arnynt
drwy ddefnyddio telesgopau isgoch. Darganfuwyd llawer
o wrthrychau nad oedd neb wedi'u gweld cyn hynny
drwy gyfrwng seryddiaeth isgoch.

Mae telesgop isgoch
2.5 m (8 troedfedd)
o led yn yr awyren

❍ ARSYLLFEYDD

Mae telesgopau ac offer seryddol electronig eraill wedi'u
gosod mewn arysllfeydd a adeiladwyd yn arbennig ar
gyfer y pwrpas. Mae llawer o'r arsyllfeydd hyn wedi'u
lleoli mewn mannau anghysbell, ymhell o'r llygredd
golau a gynhyrchir gan ddinasoedd mawr, ac mewn
ardaloedd lle mae'r hinsawdd yn sych, heb ddim llawer
o gymylau allai fod yn rhwystr rhag gweld y gofod.
Mae Arsyllfa Mauna Kea yn Hawaii dros 4,200 m
(13,800 troedfedd) uwch lefel y môr.

❯ HUBBLE

Mae Telesgop Gofod Hubble, a
lansiwyd yn 1990, wedi helpu
seryddwyr i sefydlu sut roedd
y Bydysawd cynnar yn
gweithio, drwy syllu'n ôl i
alaethau sydd 10 biliwn
blwyddyn golau i ffwrdd.
Defnyddiwyd ei delesgop
adlewyrchol, diamedr 2.4 m
(8 troedfedd), i astudio sêr
newydd-anedig, planedau sy'n
troi o gwmpas sêr mewn
galaethau eraill a gwrthdrawiadau
gan gomedau.

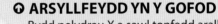

⟰ ARSYLLFEYDD YN Y GOFOD

Bydd pelydrau X a sawl tonfedd arall o
ymbelydredd electromagnetig o'r gofod yn
cael eu hamsugno gan atmosffer y Ddaear
cyn iddyn nhw gyrraedd arwyneb y
blaned. Er mwyn casglu'r pelydrau hyn,
bydd seryddwyr yn defnydddio
lloerennau fel llwyfannau i gario
telesgopau. Mae'r rhan fwyaf o'r
lloerennau hyn yn troi o gwmpas y
Ddaear. Ond lansiwyd Arsyllfa Spitzer,
sy'n archwilio gwrthrychau
isgoch yn y gofod, ar lwybr
heliosentrig yn 2003, ac
felly mae'n teithio o
gwmpas yr Haul.

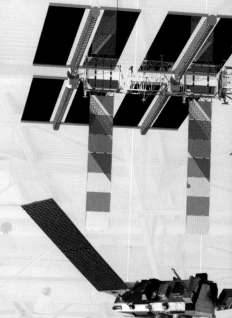

⊙ GORSAFOEDD GOFOD

Yr Orsaf Ofod Ryngwladol (ISS) yw'r
adeiladwaith mwyaf yn y gofod, Mae'n
cylchdroi rhwng 278 a 460 km (172 a
288 milltir) uwchlaw wyneb y Ddaear. Cafodd
ei gynhyrchu ar y cyd gan 16 gwlad a'i
adeiladu mewn modiwlau dros gyfnod oedd
yn cynnwys 50 hediad i'r gofod a cherdded yn
y gofod 120 o weithiau. Er 2000, mae'r orsaf
ofod 110 m (360 troedfedd) o hyd wedi darparu
lle i ofodwyr weithio, byw a chynnal amrywiaeth
eang o arbrofion hirdymor.

⊙ LANSIO

Peiriant cemegol sy'n cymysgu tanwydd ac
ocsigen, cyn llosgi'r gymysgedd hon mewn
siambr losgi, yw roced. Mae'r nwyon poeth
yn cyflymu allan o ffroenell y roced, a grym
hafal a dirgroes yn gyrru'r roced tuag i fyny.
Mae'r gwthiad a gynhyrchir gan roced yn
enfawr. Bydd pob un o bum peiriant F1 y
Saturn V hon yn cynhyrchu gwthiad o
691,818 kg (1.5 miliwn pwys), ac mewn 150
eiliad, maen nhw wedi gyrru'r roced 68 km
(42 milltir) uwchlaw wyneb y Ddaear.

⊙ BYWYD YN Y GOFOD

Pan fydd gofodwyr yn gadael y Ddaear, rhaid iddyn nhw
fod yn drefnus a disgybledig. Rhaid rheoli tasgau bob
dydd, megis bwyta, ymolchi a chysgu, yn ofalus iawn
mewn awyrgylch dibwysau. Yng nghabanau'r Wennol
Ofod a'r Orsaf Ofod Ryngwladol, sydd wedi'u hawyru ac
sydd o dan wasgedd cyson, bydd gofodwyr yn gweithio
yn llewys eu crys ac yn defnyddio gwregysau a thyllau
ar gyfer eu traed i aros yn yr unfan.

LLOERENNAU ⊙

Mae lloerennau artiffisial yn
cael eu lansio i droi o gwmpas y
Ddaear neu gyrff wybrennol eraill.
Mae rhai lloerennau'n cylchdroi mewn orbit
geosefydlog. Mae hyn yn golygu eu bod yn
troi o gwmpas y Ddaear ar yr un buanedd
ag y mae'r Ddaear ei hun yn troi, gan aros
yn yr un lleoliad uwchben wyneb y blaned.
Defnyddir lloerennau geosefydlog i
rag-weld y tywydd, cyfathrebu ac
ar gyfer systemau mordwyo.

ARCHWILIO'R GOFOD

Rydym wedi dysgu llawer am Gysawd yr Haul a'r
Bydysawd, yn ogystal â'n planed ni, drwy anfon pobl,
chwilwyr ac offer gwyddonol i'r gofod. Mae anfon pobl
i archwilio'r gofod yn gymhleth a chostus gan fod
angen llawer iawn o offer, bwyd ac yn y blaen, a
systemau cynnal bywyd. Mae angen dull diogel o ddod
â'r gofodwyr yn ôl i'r Ddaear hefyd. Ar y llaw arall,
gellir anfon chwilwyr heb bobl arnynt ymhell i'r gofod
a does dim raid trefnu eu bod yn dychwelyd o gwbl.

⊙ SIWTIAU GOFOD

Ar gyfer teithiau o'r Ddaear ac yn ôl ac ar
gyfer cerdded yn y gofod, bydd gofodwyr
yn gwisgo siwtiau arbennig. Mae 14 haen yn
siwt EMU NASA, a gall yr haen allanol
wrthsefyll darnau bach o graig a fyddai'n
rhwygo drwy ddeunyddiau eraill. Mae'r siwt
yn cynnwys system cynnal bywyd, sy'n
cadw'r siwt dan wasgedd a'i thymheredd
wedi'i reoli. Mae hefyd yn darparu ocsigen ac
yn cludo nwyon a hylifau gwastraff oddi yno.

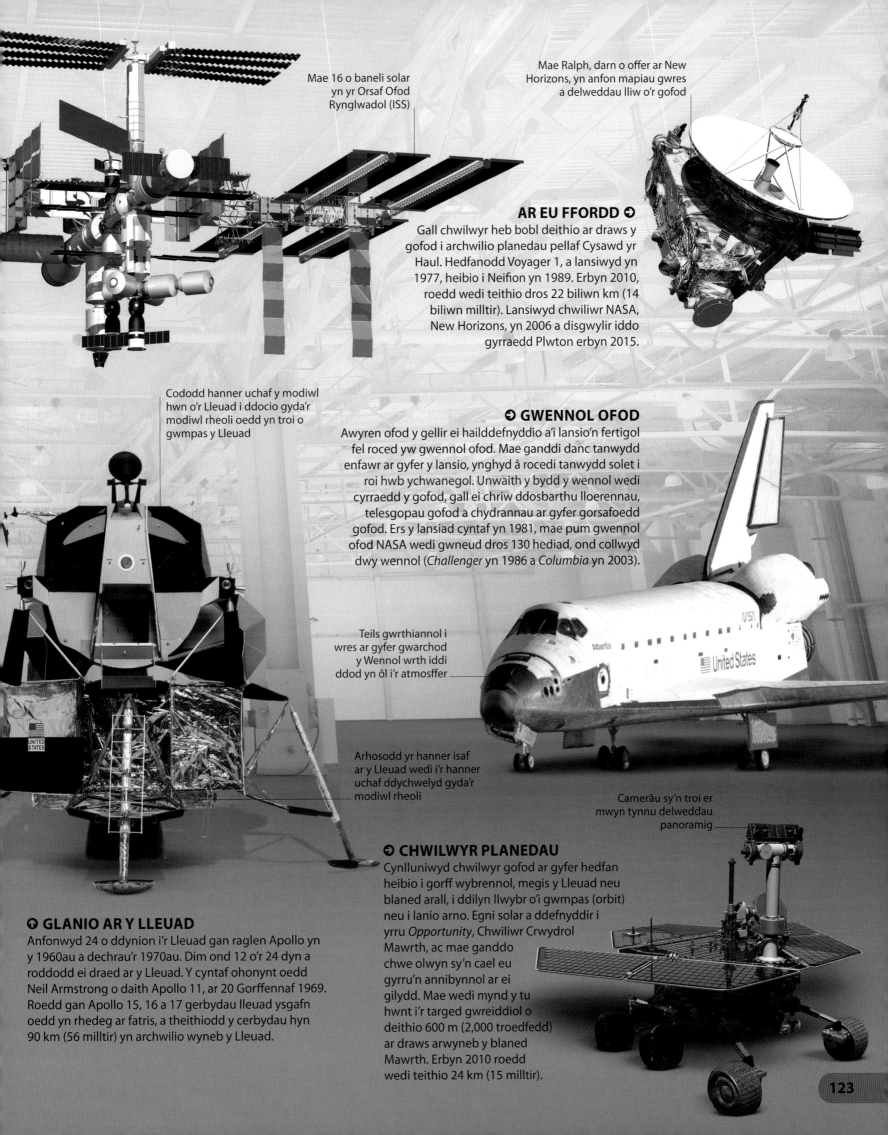

Mae 16 o baneli solar yn yr Orsaf Ofod Rynglwadol (ISS)

Mae Ralph, darn o offer ar New Horizons, yn anfon mapiau gwres a delweddau lliw o'r gofod

AR EU FFORDD ⊙

Gall chwilwyr heb bobl deithio ar draws y gofod i archwilio planedau pellaf Cysawd yr Haul. Hedfanodd Voyager 1, a lansiwyd yn 1977, heibio i Neifion yn 1989. Erbyn 2010, roedd wedi teithio dros 22 biliwn km (14 biliwn milltir). Lansiwyd chwiliwr NASA, New Horizons, yn 2006 a disgwylir iddo gyrraedd Plwton erbyn 2015.

Cododd hanner uchaf y modiwl hwn o'r Lleuad i ddocio gyda'r modiwl rheoli oedd yn troi o gwmpas y Lleuad

⊙ GWENNOL OFOD

Awyren ofod y gellir ei hailddefnyddio a'i lansio'n fertigol fel roced yw gwennol ofod. Mae ganddi danc tanwydd enfawr ar gyfer y lansio, ynghyd â rocedi tanwydd solet i roi hwb ychwanegol. Unwaith y bydd y wennol wedi cyrraedd y gofod, gall ei chriw ddosbarthu lloerennau, telesgopau gofod a chydrannau ar gyfer gorsafoedd gofod. Ers y lansiad cyntaf yn 1981, mae pum gwennol ofod NASA wedi gwneud dros 130 hediad, ond collwyd dwy wennol (Challenger yn 1986 a Columbia yn 2003).

Teils gwrthiannol i wres ar gyfer gwarchod y Wennol wrth iddi ddod yn ôl i'r atmosffer

Arhosodd yr hanner isaf ar y Lleuad wedi i'r hanner uchaf ddychwelyd gyda'r modiwl rheoli

Camerâu sy'n troi er mwyn tynnu delweddau panoramig

⊙ GLANIO AR Y LLEUAD

Anfonwyd 24 o ddynion i'r Lleuad gan raglen Apollo yn y 1960au a dechrau'r 1970au. Dim ond 12 o'r 24 dyn a roddodd ei draed ar y Lleuad. Y cyntaf ohonynt oedd Neil Armstrong o daith Apollo 11, ar 20 Gorffennaf 1969. Roedd gan Apollo 15, 16 a 17 gerbydau lleuad ysgafn oedd yn rhedeg ar fatris, a theithiodd y cerbydau hyn 90 km (56 milltir) yn archwilio wyneb y Lleuad.

⊙ CHWILWYR PLANEDAU

Cynlluniwyd chwilwyr gofod ar gyfer hedfan heibio i gorff wybrennol, megis y Lleuad neu blaned arall, i ddilyn llwybr o'i gwmpas (orbit) neu i lanio arno. Egni solar a ddefnyddir i yrru Opportunity, Chwiliwr Crwydrol Mawrth, ac mae ganddo chwe olwyn sy'n cael eu gyrru'n annibynnol ar ei gilydd. Mae wedi mynd y tu hwnt i'r targed gwreiddiol o deithio 600 m (2,000 troedfedd) ar draws arwyneb y blaned Mawrth. Erbyn 2010 roedd wedi teithio 24 km (15 milltir).

Geirfa

AMFFIBIAID
Creaduriaid, megis brogaod a llyffantod, sy'n gallu byw ar dir neu mewn dŵr.

ANTENA
Math o gorn hir, tenau sydd gan greaduriaid fel pryfed i'w helpu i synhwyro pethau.

ANWEDDU
Y broses lle bydd hylif yn newid yn nwy. Wrth i'r aer gael ei gynhesu gan yr Haul, bydd dŵr yn anweddu ac yn newid yn anwedd dŵr.

ATMOSFFER
Yr haen o nwyon sy'n amgylchynu lleuad, planed neu seren.

ATOM
Y gronyn lleiaf o elfen gemegol.

ASID DEOCSIRIBONIWCLEIG (DNA)
Y moleciwlau hirion a geir yn niwclews cell sy'n cynnwys cyfarwyddiadau ar ffurf cod er mwyn adeiladu a gweithredu cell.

BACTERIA
Ffurfiau ungell ar fywyd, o faint bychan iawn. Bacteria yw'r ffurfiau mwyaf niferus o fywyd ar y Ddaear.

BLWYDDYN GOLAU
Uned mesur pellter sy'n hafal i'r pellter y bydd golau'n ei deithio drwy'r gofod mewn blwyddyn. Mae un flwyddyn golau'n hafal i 9.5 miliwn miliwn km (5.9 miliwn miliwn o filltiroedd).

BÔN-GELL
Cell heb eu gwahaniaethu sy'n rhannu'n gyson, gan gynhyrchu celloedd arbenigol megis celloedd nerfol neu gelloedd cyhyrol.

CADWYN FWYD
Y dolennau rhwng gwahanol anifeiliaid sy'n bwydo ar blanhigion ac ar ei gilydd, Mae cadwynau bwyd yn dangos sut y caiff egni ei drosglwyddo ar hyd y gadwyn.

CARBON DEUOCSID
Nwy a geir yn yr atmosffer ac sy'n gynnyrch gwastraff wrth i gelloedd ryddhau egni.

CELL
Uned fechan o fater byw. Celloedd yw blociau adeiladu popeth byw.

CERATIN
Sylwedd gwydn, gwrth-ddŵr a geir mewn ewinedd a gwallt, ac yn haenau allanol y croen.

CLOROFFYL
Y cemegyn gwyrdd sy'n dal egni'r haul y bydd planhigion yn ei ddefnyddio i wneud eu bwyd.

COMED
Gwrthrych bychan wedi'i wneud o iâ, llwch a darnau o graig sy'n troi o amgylch yr Haul; wrth iddi nesu at yr Haul mae'n gallu tyfu cynffon hir.

CRAIG WADDODOL
Math o graig a ffurfiwyd wrth i waddodion gael eu gwasgu dros amser i ffurfio craig solet.

CRAIG FETAMORFFIG
Math o graig a ffurfir pan fydd craig igneaidd neu graig waddodol yn cael ei newid gan wres neu wasgedd mawr, neu'r ddau beth.

CRAIG IGNEAIDD
Craig a ffurfiwyd wrth i fagma neu lafa hylifol poeth oeri a chaledu.

CRAMENOGION
Creaduriaid â chorff cragen galed, coesau cymalog a dau bâr o antenau.

CROMOSOM
Math o linyn a geir yn cnewyllyn cell. Gwneir cromosomau o DNA ac maen nhw'n cynnwys genynnau.

CRONFA
Stôr naturiol neu artiffisial o hylif, dŵr fel arfer.

CYDDWYSO
Newid o nwy i hylif.

CYFANSODDYN
Rhywbeth sy'n cynnwys dwy neu ragor o elfennau a ffurfiwyd gan adwaith cemegol sy'n rhwymo'u hatomau ynghyd.

CYFAINT
Faint o ofod y mae gwrthrych yn ei lenwi.

CYHYDEDD
Y llinell ddychmygol o amgylch canol y Ddaear, ac sydd yr un pellter o Begwn y Gogledd a Phegwn y De.

CYLCHRED DDŴR
Llif cyson dŵr ar y Ddaear o'r atmosffer i'r Ddaear ac yn ôl.

CYLCHDRO
Y llwybr y bydd gwrthrych naturiol, megis lleuad, neu wrthrych artiffisial, megis chwiliwr gofod, yn ei ddilyn o gwmpas corff mwy.

CYMAL
Rhan o'r sgerbwd lle bydd dau asgwrn neu ragor yn cwrdd, er enghraifft y penelin.

CYNEFIN
Cartref naturiol rhywogaeth o anifail neu organeb byw arall.

CYNHYRCHYDD
Organeb planhigyn er enghraifft, sy'n gwneud ei fwyd ei hun gan ddefnyddio egni golau haul ac sy'n darparu maeth ac egni i unrhyw anifail sy'n ei fwyta.

CYNSEREN
Seren ifanc iawn sydd ar fin cael ei ffurfio, cyn i adweithiau niwclear ddechrau yn ei chraidd.

DAEARGRYN
Symudiad sylweddol, sydyn yng nghramen y Ddaear.

DARFUDIAD
Trosglwyddo gwres drwy symudiad – er enghraifft pan fydd nwy cynnes yn codi a nwy oerach yn disgyn.

DATGOEDWIGO
Torri coed ar raddfa eang ar gyfer tanwydd neu bren, neu er mwyn clirio tir ar gyfer cartrefu pobl neu ffermio.

DISGYRCHIANT
Grym atyniad rhwng gwrthrychau a geir ledled y Bydysawd. Po fwyaf yw màs gwrthrych, y cryfaf yw tynfa'i ddisgyrchiant.

DWYSEDD
Mesur sy'n nodi pa mor dynn y mae màs gwrthrych wedi'i bacio i'w gyfaint.

DYODIAD
Unrhyw ffurf ar ddŵr, megis glaw, eira, eirlaw neu gesair, sy'n disgyn o'r atmosffer ar wyneb y Ddaear.

ECOSYSTEM
Cymuned o bethau sy'n cyd-fyw o fewn eu hamgylchedd.

ECSOBLANED
Planed sy'n troi o gwmpas seren arall, ac nid ein Haul ni.

ECTOTHERMIG
Gair i ddisgrifio anifail y mae ei dymheredd mewnol yn amrywio yn ôl ei amgylchiadau.

ELFEN
Un o ychydig dros gant o wahanol fathau o atomau, er enghraifft aur, hydrogen, haearn a silicon, sydd yn ffurfio pob sylwedd.

ELIPTIG
Ar ffurf elips – cylch neu sffêr hir.

ENDOTHERMIG
Gair i ddisgrifio anifail y mae tymheredd mewnol ei gorff yn aros yn gyson. Gall gyfeirio'n ogystal at adwaith sy'n tynnu egni o'i amgylchedd.

ENSYM
Rhywbeth sy'n rheoli cyfradd adweithiau cemegol, gan gynnwys torri moleciwlau bwyd i lawr yn ystod y broses dreulio.

ERYDIAD
Y broses lle bydd grymoedd naturiol, megis gwynt neu ddŵr sy'n llifo, yn treulio a symud creigiau.

ESBLYGIAD
Y broses sy'n peri i anifeiliaid newid dros nifer o genedlaethau a chyfnodau maith o amser, gan roi bodolaeth i rywogaethau newydd.

FERTEBRAT
Anifail ag asgwrn cefn. Mae pysgod, mamolion, amffibiaid, adar ac ymlusgiaid i gyd yn anifeiliaid fertebraidd.

FFAWT
Crac neu doriad yng nghramen y Ddaear lle bydd blociau o greigiau'n llithro heibio'i gilydd.

FFOTOSYNTHESIS
Enw'r broses lle bydd planhigion yn defnyddio egni'r haul i greu bwyd.

FFRITHIANT
Y gwrthiant sy'cael ei greu pan fydd un gwrthrych sy'n symud yn rhwbio yn erbyn gwrthrych neu ddeunydd arall.

FFYNGAU
Grŵp o organebau byw sy'n cynnwys madarch.

GALAETH
Casgliad enfawr o sêr, planedau, nwyon a llwch sy'n cael eu dal at ei gilydd gan ddisgyrchiant.

GENYN
Un o'r cyfarwyddiadau a gedwir mewn celloedd. Mae angen hwn i adeiladu a gweithio corff creadur neu blanhigyn. Trosglwyddir genynnau gan rieni i'w plant.

GLAW ASID
Glaw ac eira sy'n cynnwys cemegion gwenwynig neu niweidiol, megis sylffwr deuocsid, ac sy'n cael eu creu wrth i danwydd ffosil gael ei losgi.

GLEC FAWR, Y
Digwyddiad enfawr y mae gwyddonwyr yn credu arweiniodd at ehangu'r Bydysawd a'i ffurfio 13.7 biliwn o flynyddoedd yn ôl.

GLUDEDD
Gair sy'n cyfeirio at hylif a pha mor araf y bydd yn llifo.

GWADDOD
Y peth solet sy'n setlo ar waelod hylif.

GWASGEDD
Y grym a deimlir pan fydd rhywbeth yn gwasgu yn erbyn arwyneb.

GWYTHÏEN
Pibell waed sy'n cario gwaed o feinweoedd anifail yn ôl i'w galon.

HEMISFFER
Un hanner o'r Ddaear a grëwyd gan y cyhydedd.

HINDREULIO
Difa graddol creigiau a mwynau'n dywod a phridd dros amser.

HORMON
Rhywbeth sy'n cael ei ryddhau gan chwarren i'r gwaed, ac sy'n gweithredu fel negesydd cemegol. Bydd rhai hormonau'n helpu i reoli rhai prosesau yn y corff, er enghraifft, pa mor gyflym y bydd corff yn tyfu.

HYDAWDD
Rhywbeth y gellir ei doddi mewn hylif.

INFERTEBRAT
Anifail heb asgwrn cefn, fel pryfyn.

LAFA
Magma sy'n cyrraedd wyneb y Ddaear drwy hollt neu grac folcanig.

LLYGAD CYFANSAWDD
Math o lygad, sydd gan bryfed a chramenogion, wedi'i wneud o sawl uned lai.

LLYGREDD
Isgynhyrchion diwerth neu wres sy'n niweidio'r amgylchedd mewn rhyw fodd.

MAGMA
Craig boeth hylifol sy'n gorwedd o dan wyneb y Ddaear.

MAMAL
Fertebrat endothermig megis ci neu geffyl, wedi'i orchuddio â ffwr neu flew ac sy'n bwydo'i fabanod â llaeth.

MANTELL
Haen ganol, greigiog y Ddaear, sy'n gorwedd rhwng y craidd a'r gramen allanol.

METEOR
Llinell chwim o olau, a gynhyrchir gan ddarn bach o ddeunydd creigiog o'r gofod yn teithio drwy atmosffer uchaf y Ddaear.

METEORYN
Darn o graig neu fetel sy'n glanio ar wyneb planed neu leuad.

MOLECIWL
Grŵp o atomau sydd wedi'u rhwymo neu eu bondio ynghyd. Er enghraifft, rhwymwyd atomau ocsigen a hydrogen ynghyd mewn moleciwl dŵr.

NERF
Swp o gelloedd hir, arbenigol sy'n trosglwyddo negeseuon ar frys o un rhan o'r corff i ran arall.

ORGANEB
Math unigol o fywyd, er enghraifft bacteriwm ungell, anifail neu blanhigyn.

PELYDRIAD ELECTROMAGNETIG
Ystod o donnau egni sy'n teithio drwy ofod, gan gynnwys pelydrau gama, uwchfioled, isgoch, golau gweladwy a thonnau radio.

PRYFYN
Creadur â chragen caled, tair rhan i'w gorff, chwe choes a dau bâr o adenydd, fel arfer.

RHEWLIF
Pentwr o iâ a grëwyd gan eira wedi'i gywasgu sy'n symud yn araf i lawr llethr.

RHYDWELI
Pibell waed ac iddi wal drwchus sy'n cario gwaed oddi wrth galon anifail.

RHYWOGAETH
Set o organebau y gellir eu grwpio ynghyd oherwydd eu tebygrwydd a'u gallu potensial i baru â'i gilydd.

SBECTRWM
Y band enfys o liwiau a gynhyrchir pan rennir golau.

STRATA
Haenau o graig waddodol.

SYSTEM
Set o organau yng nghorff anifail sydd wedi'u cysylltu ynghyd, er enghraifft y system nerfol neu'r system dreulio, sy'n cyflawni set benodol o swyddogaethau.

SYSTEM NERFOL GANOLOG
Canolfan reoli'r system nerfol, sy'n cynnwys yr ymennydd a madruddyn y cefn.

TANWYDD FFOSIL
Math o danwydd, megis glo, nwy, neu olew, sydd wedi ffurfio dan ddaear dros filiynau o flynyddoedd o weddillion planhigion ac anifeiliaid.

TECTONEG PLATIAU
Y broses lle bydd y platiau mawr sy'n ffurfio cramen y Ddaear yn symud ynghyd neu ar wahân yn gyson.

TOCSIG
Gwenwynig neu niweidiol.

TONFEDD
Y pellter rhwng dau frig mewn tonnau egni.

TREULIO
Torri bwyd i lawr er mwyn iddo allu cael ei amsugno a'i ddefnyddio gan y corff.

TRILIWN
Miliwn miliwn (un a 12 sero y tu ôl iddo)

UWCHNOFA
Seren sy'n ffrwydro; gall ei gweddillion droi'n dwll du, yn bylsar neu'n seren niwtron. Lluosog uwchnofa yw uwchnofâu.

YMASIAD NIWCLEAR
Clymu ynghyd neu gyfuno atomau dwy elfen i greu elfen drymach.

YMHOLLTIAD NIWCLEAR
Hollti niwclysau atomau er mwyn creu egni enfawr i'w ddefnyddio mewn gorsafoedd trydan neu ar gyfer arfau.

YSGLYFAETH
Anifail a leddir a'i fwyta gan anifail arall, yr ysglyfaethwr.

Mynegai

Cydnabyddiaethau

Hoffai DK ddiolch i:
Chris Bernstein am baratoi'r mynegai.

Hoffai'r cyhoeddwyr ddiolch i'r canlynol am eu caniatâd hael i atgynhyrchu eu lluniau:

(Allwedd: u – uchod; i – isod / isaf; c – canol; ch – chwith; dd – dde; t – top.**)**

4 Corbis: (uch); Science Faction/Dan McCoy (cddi). **Getty Images:** Riser/Jack Dykinga (tdd). **5 Corbis:** Lester Lefkowitz (tch). **NASA:** ESA, M. Robberto (Space Telescope Science Institute/ESA) a Thîm Prosiect Hubble Space Telescope Orion Treasury (tdd). **6-7 Corbis. 8 Corbis:** George H.H. Huey (cdd); Frank Lane Picture Agency (cch). **Getty Images:** Discovery Channel Images/Jeff Foott (ic); Workbook Stock/Ed Morris (c); Visuals Unlimited (ich). **9 Corbis:** Visuals Unlimited/Dr. Richard Kessel & Dr. Gene Shih (tc) (tdd). **iStockphoto.com:** (idd). **10 Corbis:** David Aubrey (c); Visuals Unlimited/Biodisc (tdd). **Dreamstime.com:** Graeme Dawes (idd) (Cefndir Llygaid y Dydd). **iStockphoto.com:** (Ffenest gefndirol). **11 Corbis:** AgStock Images (cdd); Visuals Unlimited/Dr. Stanley Flegler (ich). **Getty Images:** CMSP/J.L. Carson (tch); GAP Photos/Maxine Adcock (Cefndir); Photodisc/Don Farrall (idd). **iStockphoto.com:** Wojtek Kryczka (ich/Bwrdd Pren). **12 Getty Images:** Photodisc/Martin Ruegner (ich). **12-13 Getty Images:** Photographer's Choice/Cornelia Doerr (i/Blodau Haul). **13 Corbis:** Design Pics/John Short (c); Ecoscene/Sally A. Morgan (idd); Visuals Unlimited/Dr. Richard Kessel & Dr. Gene Shih (ich). **Dorling Kindersley:** Geoff Brightling/Peter Minister (Gwneuthurwr Modelau) (cch). **14 Corbis:** Ecoscene/Sally A. Morgan (cu); Frans Lanting (ci); Science Faction/Steven Kazlowski (ich). **14-15 iStockphoto.com:** (Stampiau Cefndirol); Michael Cavén (Templadau Stampiau 2); Matt Knannlein (Marciau Ffrancio); David Mingay (Templadau Stampiau). **15 Corbis:** Tom Brakefield (ich); JAI/Nigel Pavitt (ic); Reuters/Victor Fraile (idd); Visuals Unlimited (c). **Getty Images:** Ffotograffau Archif (c); Photographer's Choice/Colin Anderson (tdd). **16 Dorling Kindersley:** Trwy garedigrwydd y Natural History Museum, Llundain/Frank Greenaway (tdd/Gwyfyn) (cch). **Getty Images:** Photographer's Choice/Gail Shumway (ich). **iStockphoto.com:** Martin Lladó (tdd/Buli); Marcin Pasko (ich/Memrwn). **17 iStockphoto.com:** Matthew Cole (ic); Aleksander Trankov (cdd). **18 Dreamstime.com:** David Davis (tch); Eric Isselée (ich). **Getty Images:** The Image Bank/Roger de la Harpe (ci/Wyau Crocodeil). iStockphoto.com: Nieves Mares Pagán (ci/Rhedyn Cefndirol). **18-19 Getty Images:** The Image Bank/Anup Shah (tc). **iStockphoto.com:** Olena Pantiukh (i/Tywod). **19 Corbis:** Frank Lane Picture Agency/Chris Mattison (cddu). **Getty Images:** Gallo Images/Martin Harvey (tc); Rodger Jackman (idd). **20 Alamy Images:** blickwinkel (ich). **Corbis:** Visuals Unlimited/Dennis Kunkel Microscopy, Inc (cddi). **Dorling Kindersley:** Trwy garedigrwydd y Booth Museum of Natural History, Brighton/Alex Wilson (cch). **21 Corbis:** DPA/Patrick Pleul (cch). **Dorling Kindersley:** Trwy garedigrwydd y Natural History Museum, Llundain/Peter Chadwick (ch/Plu'n disgyn). **22 Corbis:** Visuals Unlimited (tc). **Dorling Kindersley:** Trwy garedigrwydd y Natural History Museum, Llundain/Dave King (idd). **Getty Images:** Workbook Stock/Na Gen Imaging (cdd). **iStockphoto.com:** Hals Van Ijzendoorn (Cefndir). **23 Corbis:** Brandon D. Cole (ic/Sbwng). **Dorling Kindersley:** Bill Noll (Cefndir Smotiog). **24 Corbis:** DPA/Carmen Jaspersen (tdd). **Getty Images:** Gallo Images/Nigel Dennis (c); The Image Bank/Winfried Wisniewski (cch); Newspix (ich). **iStockphoto.com:** Andrew Johnson (cdd). **24-25 iStockphoto.com:** Kjell Brynildsen (Cefndir Pren); Michel de Nijs (c/Cefndir). **25 Corbis:** Paul Souders (tch); Visuals Unlimited/Ken Lucas (ci). **Getty Images:** The Image Bank/James Warwick (cdd). **iStockphoto.com:** Franco Deriu (c); Ermin Gutenberger (idd). **Photolibrary:** Michael Habicht (idd/Sgrin Camera). **26 Corbis:** All Canada Photos/Wayne Lynch (tdd). **iStockphoto.com:** Dave White (tdd/Ffrâm); John Woodworth (i/Cloc a Ffiol). **26-27 iStockphoto.com:** Spiderstock (i/Silff Ben Tân). **27 Corbis:** Nathan Griffiths (cchi); Frans Lanting (c). **Dorling Kindersley:** Judith Miller/Sloan's (idd/Ffrâm). **Getty Images:** Stockfood Creative/Wolfgang Feiler (tc); Tetra Images (cchi/Daliwr Lluniau); Ian Waldie (idd). **iStockphoto.com:** (c/Ffrâm); Jon Schulte (tc/Ffrâm). **28 Dorling Kindersley:** Donks Models/Geoff Dann (c/ch); Old Operating Theatre Museum, Llundain/Steve Gorton (tdd). **28-29 Getty Images:** Digital Vision/Andersen Ross (Cefndir). **29 Dorling Kindersley:** Denoyer-Geppert – Gwneuthurwr Modelau/Geoff Brightling (cch) (ich); Chris Reynolds a thîm y BBC – Gwneuthurwr Modelau/Geoff Brightling (cdd). **30 Dorling Kindersley:** ESPL – Gwneuthurwr Modelau/Geoff Brightling (idd). **iStockphoto.com:** Alexander Ivanov (ich). **30-31 iStockphoto.com:** (Cyfrifiadur). **31 Corbis:** Visuals Unlimited (cdd). **Getty Images:** 3D4Medical.com (ch). **iStockphoto.com:** Feng Yu (idd). **32 Corbis:** Micro Discovery (tdd). **Getty Images:** Comstock Images (ich). **32-33 Getty Images:** Photographer's Choice/Peter Dazeley (i/Offerynnau Cefndirol). **33 Corbis:** MedicalRF.com (ic); Randy (ich). **Getty Images:** George Doyle a Ciaran Griffin (cdd); Stone+/Roy Ritchie (t/Cefndir). **34 Corbis:** Visuals Unlimited/Dennis Kunkel Microscopy, Inc (idd/Culuddion). **Getty Images:** Peter Hince (cddu/India-corn). **iStockphoto.com:** (cchi/Lorri); Jon Patton (t/Lorri) (cdda/Lorri); Tomasz Pietryszek (ccha/Lorri). **34-35 Getty Images:** Brand X Pictures/Jetta Productions (Ffordd Osgoi Gefndirol). **35 Corbis:** Visuals Unlimited/Dennis Kunkel Microscopy, Inc (idd/Bacteria). **iStockphoto.com:** Tomasz Pietryszek (cddi). **36 Dorling Kindersley:** Denoyer-Geppert – Gwneuthurwr Modelau/Geoff Brightling (cdd). **36-37 iStockphoto.com:** Paolo de Santis (Cefndir). **37 Corbis:** Visuals Unlimited/Dennis Kunkel Microscopy, Inc (tdd). **Dorling Kindersley:** Denoyer-Geppert – Gwneuthurwr Modelau/Geoff Brightling (ich). **Getty Images:** AFP/Stringer (cddi). **38 Corbis:** Science Photo Library/Steve Gschmeissner (c); Visuals Unlimited (tch). **Getty Images:** PM Images (i/Coes mewn Plastr). **39 Corbis:** Bettmann (ich); MedicalRF.com (cchu); Science Photo Library/Miriam Maslo (tdd/X-Ray); Xinhua Press/Chen Xiaowei (idd). **Getty Images:** Stone/Alan Thornton (i/Coes mewn Plastr); Taxi/Dana Neely (tdd/Bocs golau). **iStockphoto.com:** Andrzej Tokarski (c). **40 Corbis:** Beau Lark (c). **Getty Images:** Workbook Stock/Steven Puetzer (cch). **40-41 iStockphoto.com:** (Oergell); Glen Coventry (Rhifau Magnetig). **41 Corbis:** (tdd); SABA/Najlah Feanny (cdd). **Getty Images:** Photographer's Choice/Peter Dazeley (ic). **42-43 Getty Images:** Riser/Jack Dykinga. **44 iStockphoto.com:** Andrew Furlong Photography (Teisennau Bach); Maya Kovacheva (tdd). **44-45 iStockphoto.com:** (c/Book); Luis Albuquerque (Cefndir Pren). **45 Corbis:** Visuals Unlimited/Dr. Henry Aldrich (tdd/Cyanobacteria). **Dorling Kindersley:** Satellite Imagemap © 1996-2003 Planetary Visions (cch). **Getty Images:** Koichi Kamoshida (ic); StockFood Creative/Barbara Bonisolli (tdd/Blawd). **iStockphoto.com:** Konstantin Kirillov (i/Tywelion Sychu Llestri); Stepan Popov (cdd). **46 Corbis:** Arctic-Images (cri/Lafa). **46-47 Getty Images:** Photographer's Choice (Llawr); Photonica/Nichola Evans (Blwch Codi Llwch/Darnau). **iStockphoto.com:** Павел Игнатов (Platiau). **47 Corbis:** Lloyd Cluff (tch/San Andreas); Frank Lukasseck (tdd/Andes). **48 Corbis:** Roger Ressmeyer (ich). **Dorling Kindersley:** Peter Griffiths – Gwneuthurwr Modelau/Matthew Ward (cddu). **Getty Images:** AFP/Juan Barreto (cch); Stone/Jorg Greuel (ch/pentwr o DVDau) (cddu/Clawr DVD). **iStockphoto.com:** Nicolas Hansen (cch/Clawr DVD). **48-49 Getty Images:** Riser/Steven Puetzer (Silffoedd). **iStockphoto.com:** Nicolas Hansen (DVD). **49 Corbis:** Douglas Peebles (ic). **Dorling Kindersley:** Atlantic Digital (tc). **Getty Images:** AFP/Antonov Mladen (idd); Photographer's Choice/VolcanoDiscovery/Tom Pfeiffer (cdd) (cli); Planet Observer/Universal Images Group (c). **iStockphoto.com:** Nicolas Hansen (ic/clawr DVD). **50 Dorling Kindersley:** Donks Models – Gwneuthurwr Modelau/Andy Crawford (cdd/Cylchred Creigiau). **Dreamstime.com:** (cdd/Llyfr). **Getty Images:** Jamie Grill (Cefndir). **51 Dorling Kindersley:** Trwy garedigrwydd y Natural History Museum, Llundain/Colin Keates (tch); Oxford University Museum of Natural History/Neil Fletcher (tdd). **iStockphoto.com:** Milan Brunclik (tc); Christopher Hudson (Cefndir). **NASA:** GSFC/METI/ERSDAC/JAROS, and U.S./Japan ASTER Science Team (cch). **52 Corbis:** Hal Beral (idd); Frans Lanting (ich); Visuals Unlimited/Gerald & Buff Corsi (tc) (c). **52-53 Getty Images:** Riser/Stuart Westmorland (Cefndir). **53 Corbis:** Yann Arthus-Bertrand (ich); Lowell Georgia (idd); Momatiuk - Eastcott (c). **Getty Images:** Robert Harding World Imagery/James Hager (tc). **54 Corbis:** Richard Hamilton Smith (cch); Visuals Unlimited (ich). **Dorling Kindersley:** Trwy garedigrwydd y Dinosaur State Park, Connecticut/Ed Homonylo (ic). **iStockphoto.com:** Ola Dusegård (Llenni). **55 Alamy Images:** David R. Frazier Photolibrary, Inc (ich). **Corbis:** All Canada Photos/Thomas Kitchin & Victoria Hurst (c/Golygfa). **Dorling Kindersley:** Trwy garedigrwydd y Natural History Museum, Llundain/Colin Keates (idd). **Getty Images:** Red Cover/Kim Sayer (c/Ffrâm). **iStockphoto.com:** (ich/Ffrâm). **56 Corbis:** Reuters/Bob Strong (tdd/Llen Iâ). **Getty Images:** Taxi/Richard H. Johnston (cch/Ton). **iStockphoto.com:** Greg Nicholas (tdd/Potel); Kais Tolmats (ich/Lilos); Андрей Данилович (tch/Tonnau). **56-57 iStockphoto.com:** Yosef Galanti (Tywod Cefndirol). **57 Corbis:** Bettmann (ich/Llifogydd). Image Source (tdd/Sychder); JAI/Nigel Pavitt (cdd/Gwlyptiroedd). **Getty Images:** AFP/Karen Bleier (tch/Cwmwl) (cri/Sbectol Haul). **iStockphoto.com:** (cch/Ffon); Zyuzin Andriy (idd/Pen); Don Bayley (tdd/Eli Haul); Dmitry Mordvintsev (cdd/Llyfr). **58 Corbis:** Gary W. Carter (cdd/Niwl); Dean Conger (ich/Glaw); Eric Nguyen (ic/Cesair). **Getty Images:** Mike Kemp (cdd/Crys). **iStockphoto.com:** Michael Flippo (ic/Crys-T); Pamela Moore (cch/Tywel Sychu Llestri). **58-59 Getty Images:** amana images/Doable (c/Dillad); UVimages (Awyr Gefndirol). **iStockphoto.com:** Kevin Mayer (c/Rhaff). **59 Corbis:** EPA/Craig Connor (cch/Gwynt); Jim Reed Photography (tc/Storm Fellt a Tharanau). **Getty Images:** Comstock (cu/Mellt); The Image Bank/Microzoa (tc/Trowsus); Photographer's Choice/Mitchell Funk (cch/Eira). **NASA:** (tdd/Corwynt). **60 Corbis:** Jason Hawkes (ich/Pwll); Lester Lefkowitz (idd/Argae); Benjamin Rondel (c/Torri Coed); Science Faction/Natalie Fobes (cch/Pysgota). **Getty Images:** All Canada Photos/Dave Reede (tc/Ffermio); Digital Vision/Joe Sohm (cdd/Chwarel); Riser/Nicolas Russell (ic/Llwyfan Olew). **iStockphoto.com:** (cch/Deunydd Pacio); Ingus Evertovskis (i/Deunydd Pacio); Alex van de Hoef (c/Deunydd Pacio); Dmitry Naumov (t/Deunydd Pacio). **60-61 iStockphoto.com:** Ethan Myerson (Peiriant Gwerthu). **61 Getty Images:** Lonely Planet Images/Paul Kennedy (c/Fferm Wynt). **iStockphoto.com:** studioaraminta (c/Deunydd Pacio). **62 Corbis:** Will & Deni McIntyre (ci/Glaw Asid). **Getty Images:** Universal Images Group (tch); Workbook Stock/Stephane Godin (cdd/Llygredd). **iStockphoto.com:** (ci/Sbwriel); dutch icon (tch/Arwyddion Perygl); Cheryl Savala (cdd/Sbwriel). **62-63 iStockphoto.com:** Loic Bernard (Pibell Carthffosiaeth). **63 Corbis:** Reuters/Rickey Rogers (tc/Torri Coed). **Getty Images:** AFP/Ove Hoegh-Guldberg (idd/Cwrel); Gallo Images/Danita Delimont (ich/Arwydd); The Image Bank/Remi Benali (c/Diffeithio); Stone/Stephen Wilkes (cch/Safle sbwriel) (c/Sbwriel). **iStockphoto.com:** (tc/Sbwriel); Claudio Arnese (ich/Teiar); Seb Crocker (cch/Sbwriel); Yong Hian Lim (idd/Sbwriel). **64-65 Corbis:** Science Faction/Dan McCoy. **66 Dreamstime.com:** (ich). **66-67 iStockphoto.com:** Luis Carlos Torres (c/Peli). **67 Corbis:** Science Faction/National Nuclear Security Administration (idd) (ich/Bariwm) (cchi/Calsiwm). **68 Alamy Images:** Phil Degginger (cch/Lithiwm). **Dorling Kindersley:** The British Museum, Llundain/Chas Howson (cddu/Nicel). **Getty Images:** amanaimages (ich/Siglen). **68-69 Getty Images:** photo division (tc/Maes chwarae). **iStockphoto.com:** Ermin Gutenberger (Asffalt). **69 Dorling Kindersley:** Trwy garedigrwydd y Natural History Museum, Llundain/Colin Keates (cdd/Carbon). **Getty Images:** Blend Images/Ross Anania (idd/Maes Chwarae). **iStockphoto.com:** (tc/Balŵn); Bruce Lonngren (tc/Bwlb Golau); Caleb Sheridan (tdd/Neon). **Science Photo Library:** Charles D. Winters (cla/Cromiwm). **70 Getty Images:** OJO Images/Simon Murrell (cch). **iStockphoto.com:** AlexStar (ci). **70-71 iStockphoto.com:** Ingvald Kaldhussæter (Cefndir). **71 Corbis:** Daniel J. Cox (dd/Aurora Borealis). **Getty Images:** Stone+/Chip Forelli (ic/Ciwb Iâ). **iStockphoto.com:** (dd/TV); David Crockett (ich/Tost); Павел Игнатов (ich/Plât). **72 Dorling Kindersley:** Trwy garedigrwydd yr Oxford University Museum of Natural History/Gary Ombler (cchi/Corundum). **Getty Images:** Stockbyte/Martin Poole (cch/Gefel); Stone/Will Crocker (cddi). **iStockphoto.com:** (cla/Fflasg); Vlad Konstantinov (cch/Fflasg); Kenneth C. Zirkel (cddu/Ewyn). **73 Corbis:** In Pictures/Richard Baker (tch/Peilon). **Getty Images:** Image Source (ich/Bicer); Stockbyte/Martin Poole (tch/Gefel). **iStockphoto.com:** (idd). **74 iStockphoto.com:** Maria Petrova (ich). **74-75 iStockphoto.com:** Rob Freiberger (ic/Bin); Dragan Trifunovic (Cefndir). **75 Corbis:** Roger Ressmeyer (Ci/Fforc Bydradwy). **Getty Images:** The Image Bank/David Leahy (ich). **iStockphoto.com:** Frank van den Bergh (Ci/Arwydd wedi Rhydu); Karl-Friedrich Hohl (cch/Fflam Bynsen). **76 Dorling Kindersley:** Trwy garedigrwydd y Natural History Museum, Llundain/Harry Taylor (ich/Bicer). **iStockphoto.com:** (ich/Poteli); Carmen Martínez Banús (ic/Pentwr o Lyfrau); Greg Cooksey (c/Llyfr); Mark Evans (dd/Drip); Kashtalian Liudmyla (idd/Awyren). **76-77 Getty Images:** The Image Bank/Cosmo Condina (Cefndir). **iStockphoto.com:** pixhook (i/Pren Cefndirol). **77 Dorling Kindersley:** Trwy garedigrwydd Dr Brian Widdop o'r Medical Toxicology Unit Laboratory, New Cross Hospital/Gary Ombler (cch). **Getty Images:** WIN-Initiative (idd/Halen). **78 Dorling Kindersley:** The American Museum of Natural History/Denis Finnin and Jackie Beckett (ic/Label Bicer). **iStockphoto.com:** Jeremy Voisey (ich/Label Bicer). **78-79 Dorling Kindersley:** Trwy garedigrwydd y Science Museum, Llundain/Clive Streeter (c/Litmws). **iStockphoto.com:** Robert Kacpura (i/Arwynebedd Pren). **79 Dorling Kindersley:** Trwy garedigrwydd y Natural History Museum, Llundain/Colin Keates (ci/Mercwri Swlffid); Trwy garedigrwydd y Science Museum, Llundain/Clive Streeter (cdd/Copr Sylffad). **iStockphoto.com:** Jolanta Dabrowska (ich/Batri Car); winterling (ich/Batris). **80 Corbis:** First Light/Peter Carroll (cch/Gwydr); Lester Lefkowitz (c/Purfa Olew). **Getty Images:** Photographer's Choice/Steven Puetzer (ic/Asffalt); Miguel Villagran (cch/Tanwydd). **iStockphoto.com:** blackred (ic/Gwydr); Natallia Bokach (cdd); Norman Chan (cddi); Andrea Krause (c/Gwydr). **80-81 iStockphoto.com:** Juan Facundo Mora Soria (i/Cefndir). **81 Alamy Images:** Jim West (t/Chwythwr Gwydr); Wildscape (ic/Teier wedi'i ailgylchu). **Getty Images:** Digital Vision/Nicholas Eveleigh (ic/Stent Feddygol). **iStockphoto.com:** blackred (cdd/Gwydr); Andrea Krause (ic/Gwydr); Martin McCarthy (c). **US Department of Energy:** Atmospheric Radiation Measurement Program (cdd/Proteus). **82-83 Corbis:** Lester Lefkowitz. **84 Corbis:** Transtock/Frank Hoppen (tc/Delwedd Crys-T); Visuals Unlimited (tdd/Delwedd Crys-T). **iStockphoto.com:** Lukasz Panek (tch/Delwedd Crys-T). **84-85 Getty Images:** Photographer's Choice/Ty Allison (Rhedwyr Cefndirol). **85 Corbis:** (tdd/Delwedd Crys-T); Randy Faris (cch/Delwedd Crys-T). **iStockphoto.com:** Marcus Clackson (tch/Delwedd Crys-T). **SOHO (ESA & NASA) :** (c/Delwedd Crys-T). **86 Dreamstime.com:** Jlye (tdd/Lleuad). **NASA:** (tdd/Y Ddaear). **86-87 Getty Images:** Photographer's Choice/Matthias Tunger (Cefndir). **87 Dorling Kindersley:** Ted Taylor – Gwneuthurwr Modelau/Tim Ridley (tdd). **Getty Images:** CSA Images (cch). **iStockphoto.com:** pavlen (tch/Parasiwt); James Trice (c). **88 Corbis:** Transtock (c/Tu allan i gar cefndirol). **Getty Images:** AFP/Adrian Dennis (ic). **88-89 Getty Images:** Stone/Jon Feingersh (Tu allan i Gar Cefndirol). **89 Corbis:** Gerolf Kalt (tdd); Joe McBride (ich). **iStockphoto.com:** Joachim Wendler (cddi). **90 Getty Images:** Image Source (cdd/Creigiau). **iStockphoto.com:** Don Bayley (ic); PeskyMonkey (cch). **90-91 iStockphoto.com:** Andy Medina (Cefndir). **91 Getty Images:** Blend Images/Rick Gomez (cli). **iStockphoto.com:** (tdd); Roman Milert (cch). **92 Corbis:** Reuters/Alessandro Bianchi (idd/Pelydrau-X). **Getty Images:** David McNew (ich/Pelydrau Gama). **92-93 Getty Images:** The Image Bank/Jorg Greuel (Cefndir). **93 Getty Images:** Image Source (cch/Pelydrau Is-goch); Stock Image/Franz Aberham (cdd/Golau Gweladwy). **iStockphoto.com:** Michael Blackburn (idd/Microdonnau); Pawel Kaminski (tch/Uwchfioled); Stephen Kirschenmann (ich/Tonnau Radio). **94 Getty Images:** Photographer's Choice/Franco Banfi (tch/Morfil). **iStockphoto.com:** (ci/Gitâr). **NASA:** (tc/Gwennol Ofod). **94-95 Getty Images:** Caspar Benson (Gwobrau Cerdd); Digital Vision (Cit Drymiau). **95 iStockphoto.com:** Ivan Grlic (tdd); Christopher O'Driscoll (cri/seinydd); Urs Siedentop (tch/Sbwng Acwstig). **Photolibrary:** Mauritius/Chris Hermann (ic). **96 Corbis:** amanaimages/Mitsushi Okada (tdd/Haul). **Getty Images:** Photographer's Choice/Images Etc Ltd (cu/Balwnau Aer Poeth). **iStockphoto.com:** Ryan Kelly (idd/Thermomedr). **96-97 Getty Images:** Johner Images (Dringwr). **97 Corbis:** WildCountry (tc/Gleiderau). **98 iStockphoto.com:** (idd/Sbectol). **98-99 Dreamstime.com:** Nopow (Torf). **iStockphoto.com:** Robert Kohlhuber (Laserau). **99 iStockphoto.com:** (tdd); Max Delson Martins Santos (tch). **100 Getty Images:** AFP/Jens Schlueter (i); Tim Graham Photo Library (cdd). **iStockphoto.com:** Dino Ablakovic (idd). **100-101 iStockphoto.com:** MikLav (Cefndir Wal Frics). **101 Alamy Images:** Niels Poulsen (tch). **iStockphoto.com:** Rowan Butler (Platiau Metel); Anthony Douanne (cddu); Stasys Eidiejus (cdd/Arwydd Perygl); Erik de Graaf (cli); Kevin Green (tc/Paent Gwyrdd); Christophe Testi (idd); Arkadiy Yarmolenko (ich). **102 Science Photo Library:** Jeremy Walker. **103 Corbis:** Werner H. Müller (c/Maes magnetig). **Dorling Kindersley:** Trwy garedigrwydd y Science Museum, Llundain/Clive Streeter (idd). **iStockphoto.com:** Yury Kosourov (cdd); Alex Max (c/Plât Metel). **104 Corbis:** Mike Grandmaison (idd); Ultimate Chase/Mike Theiss (cch). **Getty Images:** Nick Veasey (cddi). **iStockphoto.com:** (cri/Teledu) (ch/Teledu); Luis M. Molina (tdd/Teledu). **104-105 Getty Images:** The Image Bank/Tom Bonaventure (Adlewyrchiad). **iStockphoto.com:** Don Bayley (Silffoedd); Michal Rozanski (i/Pafin). **105 Alamy Images:** Lyroky (tch). **Corbis:** Reuters/Stefan Wermuth (idd). **Dorling Kindersley:** Trwy garedigrwydd Amgueddfa Wyddoniaeth, Llundain/Clive Streeter (tdd). **Getty Images:** Photodisc/Christopher Robbins (cdd). **106-107 NASA:** ESA, M. Robberto (Space Telescope Science Institute/ESA) a Thîm Prosiect Telesgop Gofod Hubble Orion Treasury; ESA, ESO, F. Coutbin (Ecole Polytechnique Federale de Lausanne, y Swistir) a P. Magain (Universite de Liege, Gwlad Belg) (ic). **108 NASA:** ESA, F. Paresce (INAF-IASF, Bologna, yr Eidal), R. O'Connell (University of Virginia, Charlottesville), a Phwyllgor Gorolwg y Wide Field Camera 3 Science (c); Tim Treftadaeth Hubble (cli). **108-109 Getty Images:** Photodisc/Don Farrall (c). **iStockphoto.com:** Jon Helgason (Balwnau); ESA, a Thîm Treftadaeth Hubble (STScI/AURA) - ESA/Hubble Collaboration (idd). **109 NASA:** ESA, a Thîm Treftadaeth Hubble (STScI/AURA) (tdd); Dyluniwyd gan Carl Sagan a Frank Drake. Gwaith celf wedi'i baratoi gan Linda Salzman Sagan. Ffotograff gan NASA Ames Resarch Center (NASA-ARC) (cdd).**110 Corbis:** Aflo Relax/Komei Motohashi (cli); Atlantide Phototravel (tch/Tacsi); Visuals Unlimited (ci). **NASA:** (cddu). **110-111 iStockphoto.com:** Doug Cannell (Ithfaen). **111 Corbis:** Science Faction/Tony Hallas (cddu); ESA, a Thîm Treftadaeth Hubble (STScch/AURA) (cch); ESA, a Thîm Hubble SM4 ERO (cddi); ESA, C. Heymans (University of British Columbia, Vancouver) , M. Gray (Prifysgol Nottingham), M. Barden (Innsbruck) , the STAGES collaboration, C. Wolf (Prifysgol Rhydychen, DU), K. Meisenheimer (Max-Planck Institute for Astronomy, Heidelberg) , a chydweithio COMBO-17 (ic); ESA, Tîm Treftadaeth Hubble, (STScch/AURA) a A. Riess (STScch) (ich). **NASA:** ESA, A. Aloisi (STScch/ESA) , a Thîm Treftadaeth Hubble (STScch/AURA) -ESA/Hubble Collaboration (tc). **112 Corbis:** Image Source (Darnau gêm). **iStockphoto.com:** Jon Helgason (ich). **NASA:** ESA, F. Paresce (INAF-IASF, Bologna, yr Eidal) , R. O'Connell (University of Virginia, Charlottesville), a Phwyllgor Gorolwg y Wide Field Camera 3 Science (c). **Science Photo Library:** John Chumack (tdd). **112-113 iStockphoto.com:** Doga Yusuf Dokdok (Carped). **113 iStockphoto.com:** Milos Luzanin (ich). **114 Trwy garedigrwydd Apple. Mae Apple a logo Apple yn fasnach-nodau Apple Computer Inc., cofrestrwyd yn UDA a gwledydd eraill:** (cch/Ffôn). **NASA:** JPL (cch/Asteroid). **114-115 iStockphoto.com:** Janne Ahvo (c/Llyfr). **115 iStockphoto.com:** Özgür Donmaz (tdd). **NASA:** ESA, and A. Schaller (i STScch) (cu/On Screen); JPL (cch) (c). **116 Dorling Kindersley:** Peter Griffiths – Gwneuthurwr Modelau Clive Streeter (cddu). **SOHO (ESA & NASA) :** (ci) (ic) (cddi). **116-117 Getty Images:** Photonica/Anna Peisl (t/Pobl). **iStockphoto.com:** Sze Kit Poon (i/Tywod). **117 Alamy Images:** Laszlo Podor (ic). **Corbis:** Science Faction/William Radcliffe (c). **NASA:** (cch); JPL (ci). **118 Corbis:** Index Stock/Victoria Johana (ic); Science Faction/Tony Hallas (cch). **Getty Images:** Photographer's Choice/Roger Ressmeyer (cdd). **NASA:** JPCH/JHUAPL (cchu). **118-119 Corbis:** Beateworks/William Geddes (Cefndir). **119 Dorling Kindersley:** Trwy garedigrwydd y Natural History Museum, Llundain/Colin Keates (c). **Getty Images:** Photolibrary/Jim Wark (tdd). **NASA:** ESA, a Marc W. Buie (Southwest Research Institute) (cdd). **120 Getty Images:** Panoramic Images (ci) (ich/Glasbrint). **iStockphoto.com:** Nicholas Belton (tdd/Glasbrint); Gustaf Brundin (ich/Caliperau); Michal Rozanski (ci/Tabled). **121 Chandra X-Ray Observatory:** Pelydr-X (NASA/CXC/MIT/D.Dewey et al. & NASA/CXC/SAO/J. DePasquale); Optig (NASA/STScI) (tdd). **Corbis:** Roger Ressmeyer (cddu) (ic/Cwpan coffi). **iStockphoto.com:** (tch/Pen) (cli); Jamie Farrant (c/Llyfr nodiadau); Nicolas Hansen (tc/Sbectol); Valerie Loiseleux (tdd/Templad). **NASA:** Hubble (ic); JPL-Caltech (cddi); USRA (cch). **122 Getty Images:** Photographer's Choice/Erik Simonsen (cdd). **NASA:** JAXA (c); Johnson Space Center (idd); Kennedy Space Center (tch). **122-123 Dreamstime.com:** (Cefndir). **123 NASA:** Dryden Flight Research Center (cdd); JHUAPCH/SwRI (tdd); JPL (idd)

Pob delwedd arall © Dorling Kindersley
Am ragor o wybodaeth gweler:

www.dkimages.com